博弈

宋犀堃——编著

成都地图出版社

图书在版编目(CIP)数据

博弈 / 宋犀堃编著. -- 成都 : 成都地图出版社有限公司, 2020.3
ISBN 978-7-5557-1372-2

Ⅰ. ①博… Ⅱ. ①宋… Ⅲ. ①博弈论 - 应用 - 心理交往 - 通俗读物 Ⅳ. ①C912.11-49

中国版本图书馆 CIP 数据核字(2020)第 032269 号

博弈
BOYI

编　　著：宋犀堃
责任编辑：高　敏
封面设计：松　雪
出版发行：成都地图出版社有限公司
地　　址：成都市龙泉驿区建设路 2 号
邮政编码：610100
电　　话：028-84884648　028-84884826(营销部)
传　　真：028-84884820
印　　刷：北京朝阳新艺印刷有限公司
开　　本：880mm × 1270mm　1/32
印　　张：5
字　　数：136 千字
版　　次：2020 年 3 月第 1 版
印　　次：2020 年 4 月第 1 次印刷
定　　价：36.00 元
书　　号：ISBN 978-7-5557-1372-2

前言 Preface

当下社会，人际交往日趋频繁，人们越来越相互依赖又相互制约，彼此的关系日益博弈化。不管懂不懂博弈，你都处在这世事的弈局之中，都在不断地博弈着。我们日常的工作和生活就是不停的博弈决策过程。

我们每天都必须面对各种各样的选择，在各种选择中进行适当的决策。在单位工作，关注领导、同事，自己据此采取适当的对策。平日生活里，结交哪些人当朋友，选择谁做伴侣，其实都在博弈。这样看来，人生仿佛很累，但事实就是如此，博弈就是无处不在的真实策略“游戏”。

古语有云，世事如棋。生活中每个人如同棋手，其每一个行为如同在一张看不见的棋盘上布一个子，精明慎重的棋手们相互揣摩，相互牵制，人人争赢，下出诸多精彩纷呈、变化多端的棋局。在博弈中，人与人之间的对立与斗争会淋漓尽致地呈现出来。博弈心理学的伟大之处正在于，它通过规则、身份、信息、行动、效用、平衡等各种量化概念对人情世事进行了精妙的分析，清晰地揭示了当下社会中人们的各种互动行为、互动关系，为人们正确决策提供指导。如果将博弈心理学与下围棋联系在一起，那么博弈心理学就是研究棋手们“出棋”时理性化、逻辑化的部分，并将其系统化为一门科学。

目前，博弈心理学在经济学中占据越来越重要的地位，在商战中被频繁地运用。此外，它在国际关系、政治学、军事战略和其他各个方面也都得到了广泛的应用。甚至人际关系的互动、夫妻关系的协调、职场关系的争夺、商场关系的出招、股市基金的投资等等，都可以用博弈心理学的思维加以分析。

总之，博弈无处不在，自古至今，从战场到商场、从政治到管理、从恋爱到婚姻、从生活到工作……几乎每一个人类行为都离不开博弈。在今天的现实生活中，如果你能够掌握博弈心理学，就会发现身边的每一件让你头痛的小事，都能够借用博弈智慧进行分析和处理，以达到自己的目的。而一旦你能够在生活和工作的各个方面把博弈智慧运用得游刃有余，成功也就在不远处向你招手了。

2020 年 2 月

目录 Contents

第一章 Chapter 1 博弈的真谛：追求最佳，避免最差

第二章 Chapter 2 纳什均衡：博弈中的均衡

THE FIRST CHAPTER

第一章

博弈的真谛：追求最佳，避免最差

认识博弈，从“囚徒困境”说起

核心提示

博弈论是指双方或者多方在竞争、合作、冲突等情况下，充分了解各方信息，并依此选择一种能为本方争取最大利益的最优决策的理论。

心理解析

一天，警局接到报案，一位富翁被杀死在自己的别墅中，家中的财物也被洗劫一空。经过多方调查，警方最终将嫌疑人锁定在杰克和亚当身上，因为事发当晚，有人看到他们两个神色慌张地从被害人的家中跑出来。警方到两人的家中进行搜查，结果发现了一部分被害人家中失窃的财物，于是将二人作为谋杀和盗窃嫌疑人拘留。

但是到了拘留所里面，两人都矢口否认自己杀过人。他们辩称自己只是路过那里，想进去偷点东西，结果进去的时候发现主人已经被人杀死了，于是他们便随便拿了点东西就走了。这样的解释不能让人信服，再说，谁都知道在判刑方面，

◇ 囚徒困境 ◇

“囚徒困境”模式是博弈论中最出名的一个模式。这其中便蕴涵着博弈论的道理。

杀人受到的刑罚要比盗窃严重得多。 警察决定将两人隔离审讯。

隔离审讯的时候，警察告诉杰克："尽管你们不承认，但是我知道人就是你们两个杀的，事情早晚会水落石出的。 现在我给你一个坦白的机会，如果你坦白了，亚当拒不承认，那你就是主动自首，同时协助警方破案，你将被立即释放，亚当则要坐 10 年牢；如果你们都坦白了，每人坐 8 年牢；都不坦白的话，可能以入室盗窃罪判你们每人 1 年。 如何选择，你自己想一想吧。"同样的话，警察也说给了亚当。

一般人可能认为杰克和亚当都会选择不坦白，这样他们只能以入室盗窃的罪名被判刑，每人只需坐 1 年牢。 这对于两人来说是最好的一种结局。 可结果会是这样的吗？ 答案是否定的，两人都选择了招供，结果每人各被判了 8 年。

事情为什么会这样呢？ 杰克和亚当为什么会做出这样"不理智"的选择呢？ 其实这种结果正是两人的理智造成的。 我们先看一下两人坦白与否及其结局的矩阵图：

	亚当坦白	不坦白
杰克坦白	(8,8)	(0,10)
杰克不坦白	(10,0)	(1,1)

当警察把坦白与否的后果告诉杰克的时候，杰克心中就会开始盘算坦白对自己有利，还是不坦白对自己有利。 杰克会想，如果选择坦白，要么当即释放，要么同亚当一起坐 8 年牢；要是选择不坦白，虽然可能只坐 1 年牢，但也可能坐 10 年牢。 虽然（1，1）对两人而言是最好的一种结局，但是由于是被分开审讯，信息不通，所以谁也没法保证对方是否会选

择坦白。选择坦白的结局是8年或者0年，选择不坦白的结局是10年或者1年，在不知道对方选择的情况下，选择坦白对自己来说是一种优势策略。于是，杰克会选择坦白。同时，亚当也会这样想。最终的结局便是两个人都选择坦白，每人都要坐8年牢。

上面这个案例就是著名的“囚徒困境”模式，是博弈论中最出名的一个模式。为什么杰克和亚当每个人都选择了对自己最有利的策略，最后得到的却是最差的结果呢？这其中便蕴涵着博弈论的道理。

“囚徒困境”中杰克和亚当便是参与博弈的双方，也称为博弈参与者。两人之所以陷入困境，是因为他们没有选择对两人来说最优的决策，也就是同时不坦白。而根本原因则是两人被隔离审讯，无法掌握对方的信息。所以，看似每个人都做出了对自己最有利的策略，结果却是两败俱伤。

最坏的一种结果：两败俱伤

核心提示

两败俱伤是博弈中最坏的一种结果，每一位参与者的收益都小于损失，都没有占到便宜。有人可能想，理智的人是不会做出这种事情的，如果预见会是两败俱伤，那他们将不会参加这场博弈。但是事实上呢？人们经常置自己和对手于两败俱伤的困境中。

心理解析

战争是典型的负和博弈，无论是“一战”“二战”，还是美军在阿富汗、伊拉克发起的战争，都是如此。

第二次世界大战是人类历史上规模最大的一场战争，前后长达 6 年，共有 61 个国家和地区被卷入了这场混战，涉及的人口有 20 亿人以上，给世界人民带来了深重的灾难。虽然这场战争中英勇的反法西斯人民取得了最后的胜利，但是战后的一些统计数据让我们明白，这是一场负和博弈。

“二战”中，军民伤亡人数达1.9亿人，其中死亡6000万人左右，受伤1.3亿人左右。其中死亡的平民有2730万人之多。盟军中苏联军队伤亡最为惨重，死亡890万人，中国军队死亡148万人，英国与美国各死亡38万人。同样，法西斯国家也伤亡惨重，德国军队伤亡人数达1170万人，其中军队死亡人数超过600万人，日本军队的伤亡人数也超过了216万人。

再看一下美军在阿富汗和伊拉克发起的战争，这也是距离我们较近的一场战争。据美国公布的军事报告显示，截止到2009年3月，美军在伊拉克死亡的军人已经达到4261人。而当地的伊拉克平民伤亡人数将近10万人。在阿富汗死亡的美军人数为673人，当地伤亡的平民数量将近1万人。

战争中看似有一方是获胜者，其实结果是两败俱伤。“二战”中各国的伤亡人数和财产损失便是很好的证明。美军看似是阿富汗战争和伊拉克战争的胜利者，其实不然。战后的阿富汗非常混乱，人们为了生计不得不种植鸦片，这里也成了世界上最大的毒品生产基地，提供了世界上90%以上的鸦片和海洛因。再看一下伊拉克，虽然推倒了萨达姆的政权，但是激增的军费开支和不断攀升的伤亡人数使得美国深陷战争泥潭难以自拔。

战争是世界上的头号杀手，表面上看战争有胜利的一方，但它并不是获益的一方，它同战败国一样是损失的一方。因此我们要热爱和平，警惕战争。

负和博弈不仅仅体现在战争中，人际交往的时候处理不当，也会陷入负和博弈之中。

在印度流传着这样一个故事，北印度有一位木匠，技艺高超，绝活是雕刻各种人的模型。尤其是他雕刻的侍女，栩栩如生，不仅长得漂亮，还会行走，外人根本分不清真假。在南印度有一位画家，画技高超，最擅长的便是画人物。

有一天，北印度的木匠请南印度的画家来家中做客。吃饭的时候，木匠让自己制作的木人侍女出来侍奉画家，端菜端饭，斟茶倒酒，无微不至。画家不知道这是个木人，他见这位侍女相貌俊俏，侍奉周到，便想与她搭腔。木人不会说话，画家还以为她害羞。木匠看到了这一幕，便心生一计，想捉弄一下画家。

晚饭过后，木匠留画家在家过夜，并安排侍女夜里伺候画家。画家非常高兴，他等木匠走后便细细观察这位侍女。灯光下，侍女愈发好看，但是画家怎么与她说话她都不回声，最后画家着急了，便伸手去拉她。这才发现，侍女原来是个木人，顿感羞愧万分，原来自己上了木匠的当。画家越想越生气，决定要报复木匠。于是，他在墙上画了一幅自己的全身像，画中的自己披头散发，脖子上还有一根通向房顶的绳子，看上去像是上吊的样子。画好之后，他便躲到了床底。

第二天，木匠见画家迟迟不起床，便去敲门。敲了一会儿，不见画家回应，便从门缝中往里看，隐隐约约看到画家“上吊”了。木匠吓坏了，赶紧撞开门去解画家脖子上的绳子，等他摸到绳子之后才发现是一幅画。画家这个时候从床底下钻出来，对着木匠哈哈大笑。木匠十分气愤，认为画家这个玩笑开得太大了。画家则责怪木匠昨晚羞辱自己。说着说着，两人便厮打起来。

这是一个典型的人际交往的负和博弈，原本两位应该惺惺相惜，把酒言欢，没想到最后的结局却是两败俱伤。虽然这只是一个故事，但还是能给我们很多有益的启示。冲突的起源在于木匠用木人侍女戏弄画家，画家发现后又选择了报复。戏弄对方和报复对方是造成这场负和博弈的主要原因。

人是群居的高等动物，只要生活在这个世界上，就免不了同其他人交往，这种交往关系就是人际关系。由于每个人都有自己的追求，都有自己的利益，因此交际中就免不了要发生冲突。冲突的结局跟博弈的结局一样，也有三种，或两败俱伤，或一方受益，或共赢。两败俱伤是最糟糕的一种情况，有过这种经历的人一般会选择反目成仇，互不往来。

曾经发生过这样的案例：两个人合伙做生意，一个有资金但是不善交际，另一个没有资金但是能说会道。两个人凑到一起之后，互相赏识，很快便决定开一家公司，有资金的出资金，没有资金的负责联络客户。

在两个人的努力之下，公司很快运转起来，并越发展越好。看到公司开始赢利，能说会道的那个人便想独自霸占公司，他把当初出资人出的注册资金还给出资人，并表示公司不再欠他的了，从此以后也不再与他有关系。出资人当然不愿意，告到了法院。到了法院出资人才知道，当初那个能说会道的人注册公司的时候写的是他一个人的名字。打官司没占到便宜，出资人一气之下把公司一把火烧了个干净。到头来，两个人谁也没有占到便宜。

这场负和博弈告诉我们，处理人际关系的时候，要做到“己所不欲，勿施于人”，不能自私自利，更不能见利忘义。

最理想的结局：双赢

核心提示

正和博弈就是参与各方本着相互合作、公平公正、互惠互利的原则来分配利益，让每一个参与者都满意的博弈。

心理解析

有一种鸟被称为鳄鱼鸟，它们专门从鳄鱼口中觅食。鳄鱼凶残无比，却允许一只小鸟到自己的牙缝中找肉吃，这是为什么呢？因为它们之间是相互合作的关系，鳄鱼为鳄鱼鸟提供食物，鳄鱼鸟除了能用自己的鸣叫报告危险情况以外，还能清理鳄鱼牙缝间的残肉，避免鳄鱼的牙齿滋生细菌。所以它们能够和谐相处，成为好搭档。

博弈中发生冲突的时候，充分了解对方，取长补短，各取所需，往往会使双方走出负和博弈或者零和博弈，实现合作共赢。

看这样一个例子：一对双胞胎姐妹要分两个煮熟的鸡蛋，妈妈分她们每人一个。姐姐只喜欢吃蛋白，所以她只吃掉了蛋白，扔掉了蛋黄；相反，妹妹只喜欢吃蛋黄，便把蛋白扔掉了。这一幕被她们的爸爸看在眼里。下次分鸡蛋的时候，爸爸分给姐姐两个蛋白，分给妹妹两个蛋黄，这样既没有浪费，每个人又多吃到了自己喜欢的东西。

再看一个例子：有一对老年夫妻，丈夫是个哑巴，不会说话，妻子下半身残疾，不能走路。由于丈夫不会说话，所以出去买东西，与人打交道都不方便；而妻子由于不能走路，整天待在家中，非常苦闷。为了解决两位老人的烦恼，他们的儿女为他们买了一辆三轮车。此后，丈夫出去的时候便带着妻子，买东西、与人交际的时候就让妻子说话；而妻子呢，也可以出去到处转转，不用老待在家中苦闷。一辆三轮车，解决了两个人的烦恼，同时又使两人取长补短。

合作共赢的模式在古代战争期间经常被小国家采用，他们自己无力抵抗强国，便联合其他与自己处境相似的国家，结成联盟。其中最典型的例子莫过于春秋战国时期的“合纵”策略。

春秋战国时期，各国之间连年征战，为了抵抗强大的秦国，苏秦凭借自己的三寸不烂之舌游说六国结盟，采取“合纵”策略，一荣俱荣，一损俱损。正是这个结盟使得强大的秦国不敢轻易出兵，换来了几十年的和平。在此之前，六国在面临强敌的时候，总是想尽一切手段自保，六国之间偶尔也会发生征战。这个时候，秦国往往坐山观虎斗，坐收渔翁之利。自从六国结盟之后，六国间不再争斗，而是团结一心，共同对抗秦国。

眼看六国团结如铁，无法完成统一大业，秦国的张仪便游说六国，说服他们单独同秦国交好，以瓦解他们的结盟。六国中齐国与楚国是实力最强大的两个国家，张仪便从这两个国家开始。他先是拆散了齐国与楚国之间的结盟，又游说楚国同秦国交好。之后，张仪又用同样的手段拆散了其他国家之间的结盟，为秦国统一六国做好了前期准备。等秦国相继消灭了韩国、赵国、魏国的时候，其他国家因为结盟已经被拆散，怕惹火上身，不敢贸然出兵。最终他们也没能逃脱被灭亡的命运。

六国间的结盟便是一场正和博弈，博弈的参与各方都得到了自己想要的东西，即不用担心秦国的入侵。可惜的是，这场正和博弈最后变成了负和博弈。他们放弃了合作，纷纷与秦国交好，失去了作为一个整体与秦国对话的优势，最后导致灭亡。

20 世纪可以说是人类史上最复杂的一个世纪，爆发了两次世界大战，战后经济、科技飞速发展，全球一体化程度日益加深。同时也面临一些共同的问题，比如环境污染。这一系列发展和问题让人们意识到，只有合作才是人类唯一的出路。双赢博弈也逐渐取代了零和博弈，通过合作实现共赢已经成为当今社会的共识。无论是在人际交往方面，还是企业与企业之间，国与国之间都是如此。

比的就是策略

核心提示

同样一件事情，用不同的策略来解决，得到的结果便不同。这就是策略的作用，也是策略的魅力所在。

心理解析

既然我们身边充满着博弈，那么随时都需要对自己身处的博弈制定一个策略。同样的情况下，一个小策略可能就会给自己带来很大的收获。下面便是这样一个例子。

今天是情人节，晚上男朋友拉着小丽去逛商场，说是要她自己选择一样东西，作为送她的情人节礼物。不过事先已经说好了，这样东西的价格不能超过800元。

两个人高高兴兴地来到了商场，逛了一段时间之后，小丽看中了一款皮包，不过标价是1500元。小丽心想这个价位有点高，如果自己贸然提出来要买的话，男朋友肯定不乐意。

于是她先将这个包放下，一边看其他东西，一边想怎样能让男朋友心甘情愿地主动给自己买这个包。

想了一会儿之后，她有了主意。

那天晚上，他们逛遍了整座商厦，一件东西也没看中。男朋友不停地帮她挑衣服挑鞋子，但是哪一件她也看不上；男朋友又带她去看化妆品，试了几种之后，她表示没兴趣；男朋友又带她去看首饰，试来试去，总也找不到自己满意的。不管是什么，她都不去主动看，反而是男朋友越挑越急，帮着她挑这挑那。无论是什么，她都只回复“不好看”“不喜欢”或者是“不感兴趣”。

就这样，从晚上七点一直逛到九点多，眼看商场都要关门了。今天买不上的话，到了明天就过了情人节了。男朋友此时已经由着急变成了泄气，他细数了一下，衣服不喜欢，鞋子也不喜欢，化妆品也不喜欢，首饰也不喜欢。那买个包怎么样？

这正是小丽心中想要的，便说：“好吧！”

男朋友看到终于找到了女朋友喜欢的礼物，再加上前面费了这么大的力气，已经筋疲力尽，也就不再讨价还价，很高兴地给小丽买了那个1500元的皮包。

这件事情的成功完全得益于小丽的策略。如果小丽直接提出来要买一个1500元的包，男朋友可能会不答应，或者即使买了也是很勉强。现在，她不断地对男朋友说“不”，对他挑选的礼品进行否决。一个人屡屡被否决之后就会泄气，这个时候，你的一个肯定带给他的满足感会让他不再去考虑那些细枝末节的小问题，从而变得兴奋。

良好的策略能让一个国家完成统一大业，也能让一个女孩子争取到自己想要的礼品，这都说明博弈无处不在。职场中也是如此。

职场是一个没有硝烟的战场，公司与职员之间、领导与下属之间、同事之间，无论是合作还是竞争，都是博弈，都需要策略。

孙阳是一家公司的老总，最近公司人事调动，一名部门经理退休，需要提拔一名新的部门经理。经过筛选，孙阳认为现在公司里符合标准的有两个人：小张和小王。两人都是原先部门经理手下的副经理。小张因为工作时间长一些，业务要比小王熟练，被视为最有可能接替经理职位的人。小王虽然业务熟练程度稍逊一筹，但是办事细心，为人真诚。

选谁呢？孙阳认为业务能力只是工作能力的一部分，只要给予机会和时间，大部分人都能熟练掌握。而对待工作的态度则更重要，这一点上，他更欣赏小王。在任命部门经理的方式上，他有两个选择，也可以说是两个策略：

一是直接宣布任命小王为部门经理，小张继续担任副经理。

二是发布一个虚假消息，假传公司要招聘经理，看看两人的反应，再做决定。

第一个策略是大家常见的方式，这样的方式导致的后果便是小张满腹牢骚，工作积极性下降，甚至与新上司采取不合作的态度。这样的结局对公司和员工个人来说都不利，是一种会导致两败俱伤的决策。

第二个策略可以将两个人对待工作、对待公司的态度展现出来，到时候再宣布任命人选，输的一方就会心服口服。

最终孙阳选择了第二个策略。在公司开会的时候，他故意透漏了公司准备对外招聘经理的信息。果然不出所料，小张得知自己这次升迁的机会泡汤之后，虽然不敢对高层抱怨，在私底下却是满腹牢骚，工作积极性大减，这一切都被公司高层看在眼里。反观小王，他一如既往地工作，办事认真，待人诚恳，丝毫没有受到这个消息的影响，这也更坚定了孙阳任命他为部门经理的决心。

半个月之后，公司宣布不再对外招聘经理，而是内部提升。这个时候，公司高层在对两位人选的综合评定中，考虑了近半个月内两人的表现，最终决定让小王担任部门经理一职。这个结果也在小张的意料之中，他输得心服口服。

追求最佳，避免最差

核心提示

博弈中取胜的关键是有一个好的策略，而策略的制定又要考虑到对方的策略，好比在下象棋的博弈中，一方走一步棋之前往往要考虑对方接下来会走哪一步，到时候自己应该再走哪一步。

心理解析

策略的选择一般有两个准则：一是寻找并应用优势策略，二是寻找并避免劣势策略。下面我们将分别介绍这两个准则。

第一个准则：寻找并应用优势策略。

什么是优势策略？优势策略是指在所有策略中，无论对手选择什么策略，总会给你带来最大效益的那种策略。

如果你拥有一个优势策略，这将是最好的一种情况，你完全不必去考虑其他人如何选择，因为无论对方选择什么样的策略，你都会完胜他。下面举例说明。

假设一个市里有两家主要的日报，一份叫《天天日报》，一份叫《每日新闻》。其中《每日新闻》创办时间要早一点，读者群人数也比《天天日报》稍微多一点。决定每天报纸销量的除了固定的读者群以外，再就是哪家报纸刊登的封面头版新闻更能吸引人眼球。因此，封面大战经常在两家报社之间进行。这一天，市里面发生了两件重大新闻，一件是有人目睹了"UFO"（不明飞行物），并拍下了模糊的照片；另外一件新闻是市内发生了一件灭门惨案，一栋别墅内全家七口惨遭灭门。

现在，《每日新闻》和《天天日报》在封面报道问题上都有两种选择，那就是报道"UFO"，或者是灭门惨案。根据采访和调查，两家报纸都发现，50% 的人更关注"UFO 事件"，而 40% 的人则更关注"灭门惨案事件"，还有 10% 的人表示两件事情都很关注。这样，根据以往的销量情况，两家报纸都推算出了第二天的读者比例。比例如下：

若是《每日新闻》头版报道 UFO，将会有 60% 的读者选择该报纸，同时《天天日报》头版刊登灭门惨案的话，将会有 50% 的读者选择购买。重叠的 10% 为买两份报纸的人。

若是《每日新闻》头版报道 UFO，将会有 60% 的读者选择该报纸，同时《天天日报》头版也刊登 UFO 事件的话，将会有 40% 的读者选择购买。几乎没有人会买两份头版相同的报纸。

若是《每日新闻》头版报道灭门惨案，将会有 50% 的读者选择该报纸，同时《天天日报》头版刊 UFO 事件的话，将会有 55% 的读者选择购买。只重叠 5%，是因为《每日新闻》的固定读者群要多一点，而且即使没有放到头版，一份日报也不会放过对重大新闻的报道。

若是《每日新闻》头版报道灭门惨案，将会有55%的读者选择该报纸，同时《天天日报》头版也刊登灭门惨案的话，将会有45%的读者选择购买。道理同样是很少有人会买两份头版相同的报纸。

两份日报的封面选择以及计算出来的读者量可以表示在一个表中：

	《每日新闻》头版报道UFO	《每日新闻》头版报道灭门惨案
《天天日报》头版报道UFO	（60%，40%）	（50%，55%）
《天天日报》头版报道灭门惨案	（60%，50%）	（55%，45%）

从中可以看出，无论《天天日报》的封面选择什么，《每日新闻》都应该选择报道UFO事件。对于《每日新闻》来说，这便是它的优势策略。优势策略是指无论对方选择什么策略，总能给你带来最大利益的策略，在这里便是选择报道UFO事件。

既然《每日新闻》选择了封面报道UFO事件，《天天日报》的最好选择便是报道灭门惨案。这也是这场博弈最好的结局。

第二个准则：寻找并避免劣势策略。

并不是所有的博弈都有一个绝对的优势策略，有的时候我们不知道其中哪个策略更占优势，可以选择出其中的劣势策略，并将其去除。下面夫妻两人看电视抢台的博弈就是如此，如下所示：

	妻子抢台	妻子不抢台
丈夫抢台	（-5，-5）	（5，-3）
丈夫不抢台	（-3，5）	（3，3）

这场博弈中有两个最优策略：（5，-3）和（-3，5）。哪一个成为最后的选择都有可能，可能是丈夫照顾妻子，或者妻子体贴丈夫。这其中没有绝对的优势策略，但是有一个明显的劣势策略，那便是（-5，-5）。也就是双方坚持要看自己想看的频道，僵持不下，最终结局只能是（-5，-5）。在无法决定优势策略的时候，我们必须保证先排除劣势策略。很多人认为没有必要将其排除，因为在这张这么清晰明了的利弊图表面前，没人会犯傻选择（-5，5）。但是现实生活中，容易冲动和不理智的人还是有很多的。

这样，在有的博弈中就可以采用劣势策略消除法来制定自己的策略，先将最坏的策略消除，再将其次坏的策略消除，最后从剩下的几个策略中选择相对占优策略。比如上面封面大战的博弈中，《天天日报》如果先不考虑《每日新闻》的选择，单看自己每种选择的结果，便会排除其中（60%，40%）和（55%，45%）两种策略，因为他们一个是绝对的劣势策略，另外一个是其次的劣势策略。消除两个劣势策略之后，再从剩下的两个策略（50%，55%）、（60%，50%）中考虑，由于（60%，50%）是《每日新闻》的优势选择，无论《天天日报》如何选择，《每日新闻》都会选择这个策略，所以这时《天天日报》也只能选择这个策略。

寻找到博弈中的优势策略和劣势策略之后，博弈论的问题就会变得相对简单，没有其他办法能使其再简化。寻找并选择优势策略和寻找并排除劣势策略其实和我们日常生活中说的“追求最好，避免最差”有相通之处。

培养博弈思维

核心提示

博弈思维是一种科学、理性的思维方式，这种思维方式里面有强大的逻辑支撑，认为所有博弈结果均是参与者行动和决策决定的。正如“种瓜得瓜，种豆得豆”，种下什么，如何种便是行动和决策，而“得瓜”和“得豆”便是结果。只有依靠理性和科学的博弈思维，我们才能得到自己想要的结果。

心理解析

思维方式与一个人的生活态度有很大的关系，有的人是宿命论，相信人的命运是由上天安排的，自己的努力不过是次要因素。这样的人不太喜欢积极进取。而具有博弈思维的人则相信命运就在自己手中，相对于“成事在天”更相信“谋事在人”。他们往往积极进取，不怨天，不放弃，能很清醒地认识自己。有的人没有人生目标，他们大都悲观厌世，没有目标就更不用谈如何制定策略去实现目标了；有的人总是有奋斗目标，他们是积极进取、不信天命的人，他们会不断制定目标，然后选择策略去实现这些目标。在拥有博弈思维的人眼中，机会主义不可行，天下没有免费的午餐，只有通过努力、行动和策略才能得到自己想要的东西。

人类时刻面临着挑战，无论是在政治、战争、商战中，还是在生活、工作中。这种生活状态决定了人们的策略选择和博弈思维时刻在发挥作用。想要在激烈的竞争中获得更大的利益，就需要将博弈思维发挥到极致。

生活中我们无时无刻不在选择，比如选择上哪所大学，报哪门专业，选择在哪个城市生活，选择谁来做自己的终身伴侣，这都是一些大的方面上的选择。小的方面也有，比如今天出门穿什么衣服，中午午饭吃什么。只要有选择，就会运用到策略，我们都是策略的使用者，博弈思维无时无刻不在起作用。那么，既然都是策略的使用者，为什么有的人成功了，有的人却始终没有崭露头角，一直默默无闻？

成功与否取决于你是否是一个优秀的策略使用者，能否灵活地运用策略。优秀的策略使用者会在生活中不自觉地运用博弈思维，所以他们往往会取得成功；还有一些人也会使用策略，但是他们不懂博弈思维，选择和使用的很多策略都是不理性、不合理的，这就导致他们的人生是失意和平庸的。

平凡的生活也可能是幸福的，看似成功的生活不一定就快乐，每个人心中都有幸福和快乐的标准。要想获得成功，就必须要懂得选择策略和学会博弈思维。

成功的策略使用者和博弈思维高手会被称为策略家，我国古时候就产生过很多优秀的策略家，尤其是兵荒马乱的战争时期。战国时期的很多将领和谋士都是优秀的策略家，比如孙子和孙膑，他们留下的《孙子兵法》和《孙膑兵法》更是关于如何应用策略和运用博弈思维的经典之作。到了东汉末年，魏蜀吴三国并立，当时诞生了被后人赞为神机妙算的诸葛亮。加上小说《三国演义》的渲染，他甚至已经成为中国人眼中智慧的象征。

有的人性格中带有先天性的成分，但是博弈思维不是。有人喜欢夸人说“天生就聪明”，这不过是一些奉承的话，后天的积累对一个人的影响远大于先天的遗传。我们可以通过学习使自己变得更聪明，如何选择策略和如何运用博弈思维都是可以学习的。下面就是关于博弈思维应用时需要注意的三个方面：

第一，做到理性分析，选择正确策略。一个人的感觉有时候会很准，但是真正起作用和有保证的还是理性思维。做到理性思维，除了要有逻辑判断能力以外，还要控制自己，切忌冲动，遇事三思而后行。不过遇到紧急情况的时候，还是要当机立断，以免延误战机。这种情况在战争和遇到突发事件的时候经常出现。

第二，从对方的角度想问题。很多时候，在问题找不到突破口的时候，从对方的角度想问题便会找到新的解决方法。比如，我们要求自己要理性的时候，最怕自己出现不理性的行为，对方也是如此，因此扰乱对方的理性也是一种策略。有时候，战胜对方不一定要把自己变得比对方更强大，只需要把对方变得比自己更弱便可以了。

第三，重视信息。信息是做出决策的依据，往往谁掌握的信息更全面，谁的胜算就会更大。也可以将信息作为一种策略来使用，比如“声东击西”“空城计”都是典型的向对方传达错误信息，以此来迷惑对方达到自己的目的。信息问题涉及信息的收集、信息的甄别、信息的传递等几个方面。后面会有专门章节来阐述信息的问题。

我们学习和了解博弈论的重点是掌握一种全新的思维模式。博弈论不能带给你财富，不能带给你成功，但是它可以教会你博弈性思维。然后博弈性思维会帮助你获得财富，获得成功。我们在这本书中将会从小事情的分析入手，逐渐转向分析复杂的问题。有的人可能会觉得一些问题太过简单，甚至幼稚，如果再一板一眼地去分析就会显得很滑稽。在这里需要说明的是，学习博弈论的重点在于学会用博弈论的思维模式去思考问题。有的问题我们以前用别的思维模式，如定向思维，或者惯性思维去思考，得出的结论可能也是正确的，但是不够有条理。在这本书中，我们将从全新的角度，用博弈论的观点来分析这些问题。

THE SECOND CHAPTER

第二章

纳什均衡：博弈中的均衡

纳什均衡

核心提示

“纳什均衡”，简单地说，就是在多人参加的博弈中，每个人根据他人的策略制定自己的最优策略。所有人的这些策略组成一个策略组合，在这个策略组合中，没有人会主动改变自己的策略，那样会降低他的收益。只要没有人做出策略调整，任何一个理性的参与者都不会主动改变自己的策略。这个时候，所有参与者的策略便达成了一种平衡，这种平衡便是“纳什均衡”。

心理解析

诺贝尔经济学奖获得者萨缪尔森曾经说过：如果你想把一只鹦鹉训练成经济学家，只需要让它掌握两个词语：供给与需求。 后来博弈论专家坎多瑞又补充为：想成为经济学家，只懂得供给与需求还不够，你还需要多掌握一个词，那就是“纳什均衡”。

“纳什均衡”的概念来自纳什的两篇论文《n 人博弈中的均衡点》和《非合作博弈》，纳什在论文中介绍了合作性博弈与非合作性博弈的区别，并给出了“纳什均衡”的定义。

博弈论是应用数学的分支，因此最严谨的“纳什均衡”表达方式需要用数学公式表达。用数学方式表达的“纳什均衡”的定义为：在博弈 G = { S1,…,Sn：u1,…,un } 中，如果由各个博弈方的各个策略组成的某个策论组合（s1 *,…,sn *）中，任一博弈方 i 的策论 si *，都是对其余博弈方策略的组合（s1 *,…s * i -1,s * i +1,…,sn *）的最佳对策，也即 ui（s1 *,…s * i -1,si *,s * i +1,…,sn *）≥ui（s1 *,…s * i -1,sij *,s * i +1,…,sn *）对任意 sij∈Si 都成立，则称（s1 *,…,sn *）为 G 的一个“纳什均衡”。

如果你的数学不够好，这串数学表达式让你阅读起来有难度的话，请不要担心，本书中主要的表达方式是语言描述加上通俗易懂的表格，此处引用数学表达式，只为严谨。

“纳什均衡”主要用来研究非合作博弈中的均衡，因此也被称为非合作博弈均衡。“纳什均衡”的一个特别之处在于通俗易懂。有人把“纳什均衡”比喻成锅里的乒乓球。如果你把几个乒乓球放到锅里，它们便会向锅底滚去，并在锅底相互碰撞，最后停住不动的时候便达成了一种平衡。这个时候如果动了其中的一个，其他乒乓球便会受影响。如果想要保持住这种平衡，就不能动其中任何一个乒乓球，一直保持下去。这个比喻中，乒乓球代表各参与者的策略，乒乓球最后停留在锅底形成的平衡便是“纳什均衡”。

“囚徒博弈”这个案例前面我们已经介绍过了，它是“纳什均衡”最有名的案例，我们再简单回想一下。

甲乙两位盗贼犯罪后被警察抓住，警察对他们进行单独审讯，并分别告诉他们：如果一方坦白招供，另一方抵赖、拒不认罪，那么招供一方可以当即释放，抵赖的一方则要判刑10年；如果双方都认罪，每人判8年；如果双方都拒不认罪，那么警方会因为证据不足，只能判处他们私闯民宅，不能判处他们入室盗窃，每人只判1年。用矩阵图表示如下：

	犯罪嫌疑人甲坦白	犯罪嫌疑人甲不坦白
犯罪嫌疑人乙坦白	(8,8)	(0,10)
犯罪嫌疑人乙不坦白	(10,0)	(1,1)

“纳什均衡”中，一方会根据对方的策略制定自己的最优策略。通过上面图表可以看出，“囚徒困境”中包含着两个“纳什均衡”：（8，8）和（1，1）。如果犯罪嫌疑人甲选择坦白，犯罪嫌疑人乙的最优策略也是选择坦白；如果犯罪嫌疑人甲选择不坦白，犯罪嫌疑人乙的最优策略也是选择不坦白。其中，两名犯罪嫌疑人都选择不坦白得到的“纳什均衡”是一种好均衡，双方都选择坦白得到的均衡是一种坏均衡。

这个案例中，由于两人被隔离审讯，不能串供，因此都不知道对方的策略。这个时候，受到自保的本能和心理的影响，他们会选择坦白。原因很简单，若是坦白最多坐8年牢，若是不坦白最多坐10年牢。再说了，要是侥幸同伙不坦白而自己坦白的话，就可以当即释放了。这样来看，坦白是最好的选择。其实，他的同伙也是这样想的，也选择坦白，最终两人每人被判 8 年，警察收到了自己满意的结果。由于信息的不沟通，两人为了追求自己的最大利益放弃了好的均衡，选择了坏的均衡。

根据“纳什均衡”的定义我们可以知道，一场博弈中并不一定只有一个“纳什均衡”，而且均衡之间有好坏之分。比如“囚徒困境”中，两名犯罪嫌疑人同时选择不坦白，得到的均衡便是好的均衡。同时选择坦白，得到的均衡便是坏的均衡。好均衡的结果是双方受益，坏均衡的结果是双方亏损，或者受益没有好均衡那样多。“纳什均衡”中各方策略的制定都是对对方策略的最佳反应——以为自己争取最大利益为目的，好均衡与坏均衡都是如此。

好均衡与坏均衡之间有时候可以转换。古时候，楚国和魏国交界处有一个小县城，城中的居民都以种瓜为生。有一年大旱，魏国一边的村民比较勤劳，白天挑水浇瓜，瓜苗长势喜人；而楚国一边的村民比较懒，所以瓜苗长得又枯又黄。楚国村民看着魏国一边的瓜苗绿油油一片，而自己这边又枯又黄，于是心生嫉妒，夜里组织人到魏国一边去搞破坏，将瓜苗拔出来扔到一边。

魏国的村民知道之后，非常气愤，决定以牙还牙，报复楚国的村民。但是，村长却反对这样做。他认为报复的结局是两败俱伤，最终两个村到了秋后谁也收获不了瓜。最后村长提出了一个想法，那就是以德报怨，晚上组织村民偷偷到楚国一边的村庄田地里，替他们给瓜苗浇水。

村民们按照村长说的去做，最后楚国的村民看到自己田里的瓜苗变绿了，并且知道是魏国的村民晚上来偷偷浇水，都感到非常羞愧。为了表示歉意，楚国村民晚上偷偷到魏国村庄的田地里去替他们重新种上了瓜苗。最终，双方平安无事，从此和谐相处。

我们看一下其中的均衡是如何转换的，我们将这个故事中双方的博弈制作成一个简单的博弈模型。假设选择去损毁对方瓜苗为 A 策略，而选择去以德报怨、相互帮助为 B 策略。瓜苗被损毁，所得利益为 0，没有被损毁所得利益为 10。这样我们就会得到一个简单的博弈矩阵图：

		魏国 A 策略	魏国 B 策略
楚国	A 策略	(0,0)	(10,0)
	B 策略	(0,10)	(10,10)

这场博弈中存在两个“纳什均衡”：如果一方选择损毁对方瓜苗，另一方的最优对应策略是选择报复，再一个便是双方同时选择相互帮助。两个均衡的结果也截然相反，第一个均衡的结局是（0，0），两败俱伤，第二个均衡的结果是（10，10），实现双赢。可见双方相互报复的平衡是坏平衡，相互帮助的平衡是好平衡。

很明显，（A，A）的组合策略是一种坏的策略组合，因为它会导致（0，0）的最坏结局。不过，这仍是一种“纳什均衡”。因为对方选择 A 策略的时候，你的最优选择也是 A 策略，这个时候形成的策略组合便是“纳什均衡”。同样，（B，B）的策略组合也是“纳什均衡”，（10，10）的结果是双方都想得到的。（A，B）和（B，A）的策略组合不是“纳什均衡”。这也说明一场博弈中可以有多个“纳什均衡”，并且有优劣之分。

故事中楚国人最先选择了A策略，按照博弈论的分析，选择A策略是魏国人的最好的回应，也就是以牙还牙。这种想法非常符合我们日常的行为习惯，你不让我好过，我也不让你好过。这样选择的结果将会达成一种平衡，不过是坏的平衡。但是魏国人没有选择报复，而是用行动来感化对方，选择了B策略。最终楚国人被感化，也选择了B策略，双方达成了一种新的均衡。这时候的均衡是一种好的“纳什均衡”。

这里面存在一个问题，那就是博弈模型同现实情况之间的差异。理性的博弈分析中，选择报复是最优决策。而现实情况中则要考虑很多其他影响因素，比如以后低头不见抬头见之类的。以德报怨不是博弈分析中的最优决策，但是却可以解决现实问题。相互报复会陷入恶性循环，“冤冤相报何时了”，所以即使不能感化对方，也不应该采取报复。再说，魏国村民之所以会做出以德报怨的决策，肯定是对楚国村民的民风民俗很了解，知道他们会被感化。若是同水火不容的敌人之间，则很难有忍让。这些都是出于对现实情况的考虑。

身边的“纳什均衡”

核心提示

“纳什均衡”给了我们这样一个启示：个体的最优决策不一定能带来最大化的社会利益，唯有找出这些决策之间的均衡，才可以做到双赢或多赢。

心理解析

我们来看几个“纳什均衡”在现实中应用的实例。

商场之间的价格战近些年屡见不鲜，尤其是家电之间的价格大战，无论是冰箱、空调，还是彩电、微波炉，一波未息一波又起，这其中最高兴的就要数消费者了。我们仔细分析一下就可以发现，商场每一次价格战的模式都是一样的，其中都包含着“纳什均衡”。

我们假设某市有甲、乙两家商场，国庆假期将至，正是家电销售的旺季，甲商场决定采取降价手段促销。降价之前，两家的利益均等，假设是（10，10）。甲商场想，若是降价，虽然单位利润会变小，但是销量肯定会增加，最终仍会增加收益，假设增加为14。而对方的一部分消费者被吸引到了自己这边，对方的利润会下降为6。若同时降价的话，两家的销量是不变的，但是单位利润的下降会导致总利润的下降，结果为（8，8）。两个商场降价与否的最终结局如表所示：

		商场乙 降价	商场乙 不降价
商场甲	降价	(8,8)	(14,6)
商场甲	不降价	(6,14)	(10,10)

从表中可看出，两个商场在价格大战博弈中有两个"纳什均衡"：同时降价、同时不降价，也就是（8，8）和（10，10）。这其中，（10，10）的均衡是好均衡。按理说，其中任何一方没有理由在对方降价之前决定降价，那这里为什么会出现价格大战呢？我们来分析一下。

选择降价之后的甲商场有两种结果：（8，8）和（14，6）。后者是甲商场的优势策略，可以得到高于降价前的利润，即使得不到这种结果，最坏的结果也不过是前者，即（8，8），自己没占便宜，但是也没让对手占便宜。

而乙商场在甲商场做出降价策略之后，自己降价与否将会得到两种结果：（8，8）和（6，14），降价之后虽然利润比之前的10有所减少，但是比不降价的6要多，所以乙也只好选择降价。最终双方博弈的结果停留在（8，8）上。

其实，最终博弈的结果是双方都能提前预料到的，那他们为什么还要进行价格战呢？这是因为多年价格大战恶性竞争的原因。往年都要进行价格大战，所以到了今年，他们知道自己不降价也得被对方逼得降价，总之早晚得降，所以晚降不如早降，不至于落于人后。

降价是消费者愿意看到的，但是从商场的角度来看则是一种损失，如果是特别恶性的价格战的话，相互之间甚至会出现连续几轮的降价，那样损失就更惨了。如果理性的话，双方都不降价，得到（10，10）的结果对双方来说是最好的。如果双方不但不降价，反而同时涨价的话，将会得到更大的利润。不过这样做属于垄断行为，是不被允许的。

看完了商场价格战中的“纳什均衡”之后，再来看一下污染博弈中的“纳什均衡”。

随着经济的发展，环境污染逐渐成了一个大问题。一些污染企业为了降低生产成本，并没有安装污水处理设备。站在污染企业的角度来看，其他企业不增加污水处理设备，自己也不会增加。这个时候他们之间是一种均衡。我们假设某市有甲、乙两家造纸厂，没有安装污水处理设备时，利润均为10，污水处理设备的成本为2。我们来看一下双方在是否安装污水处理设备上的博弈结果：

		乙	
		安装	不安装
甲	安装	(8,8)	(8,10)
	不安装	(10,8)	(10,10)

可以发现，如果站在企业的角度来看的话，最好的情况就是两方都不安装污水处理设备，但是站在保护环境的角度来看的话，这是最坏的一种情况。也就是说，（10，10）的结果对

于企业利益来说是一种好的“纳什均衡”，对于环境保护来说是一种坏的“纳什均衡”；同样，双方都安装污水处理设备的结果（8，8）对于企业利益来说，是一种坏的均衡，对于环境保护来说则是一种好的均衡。

如果没有政府监督机制的话，（8，8）的结果是很难达到的，（8，10）的结果也很难达到，最有可能的便是（10，10）的结果。这是“纳什均衡”给我们的一个选择。如果选择经济发展为重的话，（10，10）是最好的；如果选择环境第一的话，（8，8）是最好的。发达国家的发展初期往往是先污染后治理，便是先选择（10，10），后选择（8，8）。现在很多发展中国家也在走这条老路，中国便是其中之一。近些年，人们切实感受到了环境污染带来的后果，对环境保护的意识大大提高，所以政府加强了污染监督管理机制，用强制手段达到一种环境与利益之间的均衡。

我们时常会发现自己的电子邮箱中会收到一些垃圾邮件，大部分人的做法是看也不看直接删除。或许你不知道，这些令人厌恶的垃圾邮件中也包含着一种“纳什均衡”。

垃圾邮件的成本极低，我们假设发 1 万条只需要 1 元钱，而公司的产品最低消费额为 100 元。这样算的话，发 100 万条垃圾邮件需要的成本是 100 元，而这 100 万个收到邮件的人中只要有一个人相信了邮件中的内容，并成为其客户，公司就不算亏本。如果有两个人订购了其产品，公司就会赢利。这是典型的人海战术。现实情况是，总有那么一小部分人会通过垃圾邮件的介绍，成为某公司的消费者。

很多人觉得垃圾邮件不会有人去看，也有商家觉得这是一种非常傻的销售手段，从几百万人中发掘几个或者十几个客户，简直不值得去做。但是，只要发掘出两个客户，公司就有赢利，再说这种销售手段非常简便，省时省力，几乎不用什么成本。所以，只要有一家企业借此赢利，其他没有发送垃圾邮件的企业便会后悔，立即加入垃圾邮件发送战中。我们来看一下其中蕴含的纳什均衡。

		乙企业	
		发送	不发送
甲企业	发送	(1,1)	(1,0)
	不发送	(0,1)	(0,0)

通过这个图表，我们可以看出垃圾邮件是如何发展到今天这一步的。在最开始没有这种销售手段的时候，商家之间在这一方面是均衡的，即（0，0）。后来，有的商家率先启用垃圾邮件销售方式，此时采用邮件销售与不采用邮件销售的企业之间的利益关系对比成了（1，0）。最后，没有采用的企业发现里面有利可图，于是跟进，便达成了现在的“纳什均衡”（1，1）。对于商家来说，这固然是一种好的均衡，但是，作为被动的收件人来说，这则是一种坏的均衡。因为几乎没有人会喜欢自己的电子邮箱里塞满了垃圾邮件。

夫妻过春节应该去谁家

核心提示

现实生活中存在一种多个“纳什均衡”同时存在，但又没有优势和劣势之分的情况。夫妻春节该回谁家过年？这个问题正是这类博弈的代表。

心理解析

春节是中国的传统佳节，大年三十晚上一家人团聚在一起，其乐融融。但是近些年，随着独生子女都开始工作和结婚，一个令人棘手的问题便显现了出来，那就是春节该回谁家过年。每当到了年底，这个问题便会被人提出来热议，甚至有的小夫妻还为此争得头破血流。谁都想回到自己父母身边过年，尤其是常年在外面工作的年轻人。结婚前还可以分头回家，但是结婚后这就变成了一个逃不过去的难题，似乎怎么选都不对，都有照顾不到的人。

刘冬和小台是一对年轻的夫妻，他们也逃不过“春节回谁家过年”这个问题。他们都是独生子女，刘冬家在山东，而小台家在广西。刘冬希望春节能回山东过年，而小台则希望回广西陪父母一起过春节。以前还没有结婚的时候都是各回各家，但是现在已经结婚了，再分开回家，两人都有些不舍。再说，刘冬还想让家里的亲朋好友见一下自己的媳妇，而小台则想，刘冬从来没有去过她家，也应该回去认认门了。就这样，两人间展开了一场博弈。

为了更清晰地分析这场博弈，我们将其中的一些感情因素量化。假设，小台陪刘冬回山东过年，小台的满意度为5，刘冬的满意度为10；如果刘冬陪小台回广西过年，刘冬的满意度为5，小台的满意度为10；如果两人各回各家，则每人的满意度都为5；两人分别去对方家过年的可能性几乎不存在，满意度用X表示。这样我们就得到了这场博弈的矩阵图：

		小台	
		山东	广西
刘冬	山东	(10,5)	(5,5)
	广西	(X,X)	(5,10)

从中可以看出，如果刘冬选择回山东过年，小台的最优决策是跟随他一起回山东过年；而如果小台选择回广西过年，刘冬的最优决策是随她一起去广西过年。去对方家过年，两人的满意度之和为15，而选择分别回自己家过年，满意度之和只为10。因此这场博弈中同时出现了两个“纳什均衡”：（10，5）和（5，10），并且两个“纳什均衡”没有哪个是具有绝对优势，总有一方要做出一些牺牲。

◇ 纳什均衡 ◇

博弈的结果取决于谁更坚持自己的想法，谁甘愿做出牺牲。比如小台坚持要回家，非常坚决，则最好的结局便是刘冬陪她去广西，这个问题就会迎刃而解。

那么这场博弈的最佳结局是什么呢？ 我们经过分析得出，博弈的结果取决于谁更坚持自己的想法，和谁甘愿做出牺牲。 比如小台坚持要回家，非常坚决，则最好的结局便是刘冬陪她去广西，要不然的话就只能是（5，5）的结局。 而若是一方甘愿牺牲，主动选择去对方家过年，放弃回自己家过年，那么这个问题也会迎刃而解。

“纳什均衡”的定义中说，当双方的策略达成一种“纳什均衡”之后，任何一方改变自己的策略都将会降低收益。 在这个例子中，小台跟刘冬回山东过年是一种“纳什均衡”，如果此时小台突然决定不去山东了，而是回广西过年，这个时候该怎么办？ 如果两人分开，则结局就是（5，5），但是如果刘冬跟随小台回广西的话，结局就会变成（5，10）。 因此，如果一方突然反悔了，另外一方最好的选择是也改变自己原先的打算。

以上这些模式提供给我们的只是理论上的启示，如果你非要问是该刘冬陪小台回广西，还是该小台陪刘冬回山东，那就只能具体问题具体分析了。 是看丈夫更宽容一点，还是妻子更体贴一些，每个家庭情况都是不一样的。 若是做丈夫的更疼爱妻子一些，便会陪妻子回家过年；若是妻子更体贴丈夫一些，便会陪丈夫回家过年。

这个例子给我们的启示是，现实生活中，很多博弈不止有一个“纳什均衡”，但是这些均衡之间没有绝对的优势、劣势之分，尤其是类似于上面例子中这种与亲人之间发生利益冲突的时候。 这种博弈中，我们需要做的就是学会协调，或者可以称之为讨价还价。

THE THIRD CHAPTER

第三章

囚徒博弈：如何走出两难困境

陷入两难的囚徒

核心提示

太过聪明有时候并不是一件好事情。以己度人，“己所不欲，勿施于人”。我们要学会从对方的立场来分析问题。为什么“人多力量大”这句话常常失效？对手之间也可以合作，等等。这些都是“囚徒困境”带给我们的启示，也是我们在这一章中要讨论的问题。

心理解析

“囚徒困境”模式在本书的一开始就提到过，我们再来简单复述一下。杰克和亚当被怀疑入室盗窃和谋杀，被警方拘留。两人都不承认自己杀人，只承认顺手偷了点东西。警察将两人隔离审讯，给了每人两种选择：坦白和不坦白。这样，每人做出两种选择便会导致四种结果，如表所示：

亚当

		坦白	不坦白
杰克	坦白	(8,8)	(0,10)
	不坦白	(10,0)	(1,1)

表中的数字代表坐牢的年数，从表中可以看出同时选择不坦白对于两人来说是最优策略，同时选择坦白对两人来说是最差策略。但结果却恰恰是两人都选择了坦白。原因是每个人都不知道对方会不会供出自己，于是供出对方对自己来说便成了一种最优策略。此时两人都选择供出对方，结果便是每人坐 8 年牢。

这便是著名的“囚徒博弈”模式，它是数学家图克在 1950 年提出的。这个模式中的故事简单而且有意思，很快便被人们研究和传播。这个简单的故事中给我们的启示也被广为发掘。杰克和亚当每个人都选择了对自己最有利的策略，为什么最后得到的却是最差的结果呢？

其实，我们在现实生活中经常与“囚徒困境”打交道，有时候是自己陷入了这种困境，有时候是想让对方陷入这种困境。

有这样一个笑话，斯大林时期的苏联政治氛围特别紧张，有一次一位演奏家坐火车到另一个地方准备参加一场演出。在车上百无聊赖，他便拿出需要演奏的乐谱，提前预习一下。但是火车上有两个便衣警察，他们看到这个人手中拿着一本书，上面还有一些横线和看不懂的“蝌蚪文”，便以为他是一位间谍，手中的乐谱是情报密码。两位便衣上前将这位演奏

◇ 两难困境 ◇

此处的警察就在试图使用“囚徒困境”让演奏家及早招供。他们未必具有博弈论的相关知识，却不自觉地运用了这种技巧，这就是出于对人性的估计。

家逮捕了，说他有间谍嫌疑，手中的东西就是证据。演奏家非常无奈，一个劲地辩解那只是柴可夫斯基乐谱而已。

在牢房里待了一夜之后，两个警察来审讯这位演奏家，他们信心满满地对这位演奏家说："你还是快点招吧，你那位老朋友柴可夫斯基我们正在接受审讯呢，他要是先交待了，你就惨了，可能要被枪毙；你现在要是交待了，顶多判你3年。"演奏家哭笑不得："你们抓住了柴可夫斯基？这是不可能的，因为他已经死了好多年了。"

这是一个讽刺当局政府昏庸无知的笑话，但是其中警察运用的不正是"囚徒困境"吗？他们想让这位演奏家陷入一种困境：若是不坦白，可能会被枪毙，若是坦白，顶多坐3年牢。他们想用这种手段逼迫演奏家选择坦白，只可惜他们太无知。这些人不懂博弈论，但是他们都会不自觉地应用。

我们在前面讲过"纳什均衡"曾经推翻了亚当·斯密的一个理论，那便是：每个人追求自己利益最大化的时候，同时为社会带来最大的公共利益。"囚徒困境"便是一个很好的例子，其中的杰克和亚当每个人都为自己选择了最优策略，但是就两人最后的结局来看，他们两个人的最优策略相加，得到的却是一个最差的结果。如果两人都选择不坦白，则每人各判刑1年，两人加起来共两年。但是两人都选择坦白之后，每人各判刑8年，加起来共16年。

集体中每个人的选择都是理性的，但是得到的却可能不是理性的结果。这种"集体悲剧"也是"囚徒困境"反映出来的一个重要问题。

1971年美国社会上掀起了一股禁烟运动，当时的国会迫于压力通过了一项法案，禁止烟草公司在电视上投放烟草类的广告。但是这一决定并没有给烟草业造成多大的影响，各大烟草企业表现得也相当平静，一点也没有以前财大气粗、颐指气使的架子。这让人们感到不解，因为在美国有钱有势的大企业向来是不惧怕国会法案的，利益才是他们行动的唯一目标。按照常人的想法，这些企业运用自己的经济手腕和庞大的人脉资源去阻止这项法案通过才是正常的，但结果却正好相反，他们似乎很欢迎这项法案的推出。究其原因，原来这项法案将深陷“囚徒博弈”中多年的这些烟草企业解放了出来。根据后来的统计，禁止在电视上投放广告之后，各大烟草企业的利润不降反升。

我们来看一下当时烟草行业的背景，20 世纪 60 年代，美国烟草行业的竞争异常激烈，各大烟草企业绞尽脑汁为自己做宣传，这其中就包括在电视上投放大量广告。当时，对于每个烟草企业来说，广告费都是一笔巨额的开支，这些巨额的广告费会大大降低公司的利润。但是如果你不去做广告，而其他企业都在做广告，那么你的市场就会被其他企业侵占，利润将会受到更大的影响。这其中便隐含着一个“囚徒困境”：如果一家烟草企业放弃做广告，而其他企业继续做广告，那么放弃投放广告的企业利润将受损，所以只要有另外一家烟草公司在投放广告，那么投放广告就是这家企业的优势策略。每个企业都这样想，导致的结果便是每个企业都在大肆投放广告，即使广告费用非常高昂。这时候，我们假设每一家企业都放弃做广告，将会出现什么样的结局呢？

如果每一家烟草企业都放弃做广告，则都省下了一笔巨额的广告费，这样利润便会大增。同时，都不做广告也就不会担心自己的市场被其他企业用宣传手段侵占。由此看来，大家都不做广告是这场博弈最好的结局。但是每个企业都有扩张市场的野心，要想使得他们之间达成一个停止投放广告的协议，简直是比登天还难。再说，商场如战场，兵不厌诈，即使你遵守了协议，也不能保证其他企业会遵守协议。

这个时候，美国国会的介入是受烟草企业欢迎的，因为烟草企业一直想做而做不成的事情被政府用法律手段解决了。国会通过了禁止在电视上投放广告的法案，这为各大烟草企业节省了一大笔广告开支。同时因为法律具有强制效力，所以不必担心同行企业违规，因为有政府监督和惩罚。原先签订不了的协议被法律做到了，同时监督和惩罚的成本由政府承担，各大烟草企业都在暗中偷着乐。

有人会想：广告是一种开拓市场的手段，被禁止做广告对烟草公司来说难道不是一种损失吗？我们注意，美国国会通过的法案只是禁止在电视上做广告，并没有禁止其他载体的广告，同时不会限制在美国以外的国家做电视广告。香烟的市场主要靠的还是客户群，很多人几十年只抽一种或者几种品牌的香烟。广告的作用并不像在服装、化妆品上那么有效。

这是一个走出“囚徒困境”的实例，但是深陷其中的烟草企业不是自己走出困境的，而是被政府解救出来的，这其中带有一些滑稽的成分。

亚当·斯密曾经认为个体利益最大化的结局是集体利益最大化，在这里，这个认识再次被推翻。每个烟草企业为了自己的利益最大化，不得不去投放大量广告，其他企业同样如此，但是导致的结局是每个企业都要承担巨额的成本开支，利润不升反降，并没有得到最大的集体化效益。

那么亚当·斯密真的错了吗？ 西方经济学之父为什么会犯这种基本错误呢？ 人们在看待这个问题的时候往往会将当时的背景忽略。

在资本主义早期，主要的经济模式是手工作坊和投资者建立的私人小工场，当时的工商业主要是以这种形式存在。 亚当·斯密正是在这种环境下做出了上述结论，即每个个体都追求利益最大化，便会使集体得到最大化的利益。 这种单纯地将个体利益相加得到集体利益的结论有一个前提，那就是个体利益之间没有交集，互不影响。 这个前提也正是资本主义在当时阶段的真实状况。 但是亚当·斯密没有想到的是，后来资本日益集中，使得企业脱离了最初的原始状态，一些企业甚至脱离了生产，比如贸易公司、咨询公司之类的。 这个时候，企业之间不再是单纯的独立个体，而是形成了一种既有合作又有竞争的复杂关系。 这个时候，亚当·斯密的结论便不成立了，因为此时个体之间的利益是相互影响的，集体利益也不再单纯地等于个体利益相加之和。 此时，处理这种复杂的个体和集体之间的利益关系时，亚当·斯密的理论已经有些力不从心了。 更强大、更合适的理论应运而生，那就是经济博弈论。 博弈论在经济领域的应用主要是处理个体利益同集体利益之间的相互影响和相互作用。

由此我们可以得知，亚当·斯密关于个体利益和集体利益之间关系的结论没有错，只不过是过时了而已。 因为时代在发展，资本主义的经济模式在变化。

“囚徒困境”是证明亚当·斯密的理论过时最好的证据。同时作为一种经济模型也揭示了个体利益同集体利益之间的矛盾：个体利益若是追求最大化往往不能得到最大化的集体利益，甚至有时候会得到最差的结局，比如囚徒博弈中两个罪犯的结局。

我们从中得到了这样的启示：一是，人际交往的博弈中，单纯的利己主义者并不是总会成功，有时候也会失败，并且重复博弈次数越多，失败的可能性就越大。二是，当今的社会环境下，遵循规则和合作比单纯的利己主义更能获得成功。

己所不欲，勿施于人

核心提示

“己所不欲，勿施于人”是2500年前出自孔子口中的一句话，没想到与“囚徒困境”经典博弈模式给我们的启示暗合。这句话的意思是告诫我们要将心比心，推己及人。在做事情之前，要想一下自己能不能接受，如果别人这样对待自己，自己会有什么样的感受。如果自己接受不了别人这样对待自己，那么就不要这样去对待别人。

心理解析

“囚徒困境”中的杰克和亚当在思考是否坦白的时候，都假设对方会出卖自己，那样自己就将陷入被动，因此抢在对方出卖自己之前先出卖对方。这样即使对方也出卖自己，大不了两人同时坐牢，谁也占不到谁的便宜。正是出于这种心理，两人最终共同坦白，每人被判刑8年。我们知道“囚徒困境”中最好的结局是两人同时不坦白，每人只需要坐1年牢，但是由于他们之间互相不信任，加上都想自保，便选择了出卖对方。每个人都不想被别人出卖，但是他们却抢着出卖别人，这是一种悖论。也就是我们所说的“己所不欲，勿施于人”。

如果两个人明白“己所不欲，勿施于人”的道理，他们则会想，我自己不想被出卖，同时别人肯定也不想被出卖。如果两个人都选择不出卖对方，便会得到每人坐1年牢的最优结局。

同样，我们上面说过的在烟草公司之间做广告的博弈中，谁都不想承担巨额的广告费用开支，但是总担心停止投放广告之后自己的市场份额被侵占，或者总想着侵占别人的市场份额，这便是他们之间不能达成一个停止投放广告协议的原因。但是想让他们明白“己所不欲，勿施于人”是不可能的，有机可乘，扩大市场，这对于商家来说是最理智的选择。商场如战场，每个人都在为自己着想。

历史上有很多关于推己及人、将心比心的先贤和故事的记载，“大禹治水”便是其中的典型。当年大禹接受了治水的任务，每当听说又有人因为发水灾而被淹死或者流离失所，他心里都感到非常悲伤，仿佛被淹死的就是自己的亲人。他毅然告别了新婚不久的妻子，带领27万人疏通洪水，其间三次路过家门而不入。经过13年的努力，他们疏通了九条大江，终于将洪水全部导入了大海，拯救百姓的同时，也使自己千古留名。

战国时期有个叫白圭的人跟孟子谈起了“大禹治水”，他自傲地说：“我看大禹治水不过如此，如果让我来治理的话，用不了27万人，也用不了13年。”孟子问他有什么高明的办法，白圭说：“大禹治水是将所有洪水全部导入大海里，所以特别麻烦。如果让我去治水，我只需要将这些洪水疏导到邻国去就行了。”孟子听完后引用孔子的话对他说：“‘己所不欲，勿施于人。’没有人喜欢洪水，就算是你将洪水导入到邻国，他们也会再疏导回来，来来回回更劳民伤财，这不是有德人的作为。”

大禹治水看似笨拙，却是做到了“己所不欲，勿施于人”。白圭所谈的治水方略急功近利，不顾及别人的感受，这种行为和想法是不可取的。那么人们为什么要顾及别人的感受呢？仅仅是出于友善和同情心吗？这只是其中一个方面，还有一个重要的原因：付出会有回报。

你的付出就像播种，你种下良好的生活习惯，就会收获健康的身体和清醒的头脑，健康的身体和清醒的头脑会改变你的命运。如果你种下一个善行，便会得到一个善果，便会使内心不再被别人的苦难纠缠；相反，如果你种下一个恶行，就会收到一个恶果，以至于最后会“自食其果”。

这其中还有一个道理，那就是如果自己希望能在社会上站得住，站得稳，就需要别人来帮助；要想得到别人的帮助，就需要去帮助他人。这也是走出“囚徒困境”的途径之一：互相合作。这一点我们会在后面讲到。

“己所不欲，勿施于人”这是“囚徒困境”带给我们的一个启示，但是这个启示并不适用于任何情况。原因是，并不是所有“囚徒困境”都是有害的，有时候我们甚至需要将敌人置于“囚徒困境”之中，例如利用“囚徒困境”使罪犯招供，利用“囚徒困境”反垄断等等，这也是我们下面几节要讲到的内容。

将对手拖入困境

核心提示

“囚徒困境”是一把双刃剑，如果陷入其中可能会非常被动。同样，我们如果能将对手陷入其中，便会让对手被动，我们掌握主动。在“囚徒困境”这个博弈模式中，这一点就得到了很好的体现，其中的警察设下了一个“困境”，将两名犯罪嫌疑人置身于其中，完全掌握了主动，最终得到了自己想要的结果，使两名犯罪嫌疑人全部招供。

心理解析

“囚徒困境”毕竟只是一种博弈模型，博弈模型是现实生活的抽象和简化，模型能反映出一些现实问题，但现实问题远比模型复杂。模型中每一个人有几种选择，每一种选择会有什么后果，这些我们都可以得知。但在现实中，这几乎是不可能的，因为现实中影响最后结果的干扰因素太多了。正因为现实中干扰因素太多，为人们创造了一种条件，可以设计出困住对手的“囚徒困境”，让对手陷入被动。

这种策略运用的故事从历史中可以找到。《战国策》中记载了一个关于伍子胥的故事，故事中伍子胥运用的恰好就是这一策略。

年轻时的伍子胥性格刚强，文武双全，已经显露出了后来成为军事家的天赋。伍子胥的祖父、父亲和兄长都是楚国的忠臣，但是不幸遭到陷害，被卷入到太子叛乱一案中。最终伍子胥的父亲伍奢和兄长伍尚被处死，伍子胥只身一人逃往吴国。

怎奈逃亡途中，伍子胥被镇守边境的斥候捉住，斥候准备带他回去见楚王，邀功请赏。危急关头，伍子胥对斥候说：“且慢，你可知道楚王为什么要抓我？”斥候说：“因为你家辅佐太子叛乱，罪该当诛。”伍子胥哈哈大笑了几声，说道：“看来你也是只知其一，不知其二，实话告诉你吧，楚王杀我全家是因为我们家有一颗祖传的宝珠，楚王要我们献给他，但是这颗宝珠早已丢失，楚王认为我们不想献上，便杀了我的父亲与兄长。他现在认为这颗宝珠在我手上，便派人捉拿我。我哪里有什么宝珠献给他？如果你把我押回去，献给楚王，我就说我的宝珠被你抢走了，你还将宝珠吞到了肚子里。这样的话，楚王为了拿到宝珠，定会将你的肚子割破寻找宝珠，即使找不到宝珠，我死之前也要拉你做垫背的。”

还没等伍子胥说完，斥候已经被吓得大汗淋漓。谁都不想被别人割破肚皮，于是，他赶紧将伍子胥放了。伍子胥趁机逃出了楚国。

在这个故事中，一开始伍子胥处于被动，但是他非常机智，编造了一个谎言，使出了一个策略将斥候置于一个困境中。这样，他化劣势为优势，化被动为主动，很快扭转了局面。我们来看一下伍子胥使出这个策略之后，双方将要面临的局面。下面是这场博弈中双方选择和结局的矩阵图：

		斥候	
		不释放	释放
伍子胥	污蔑	(死,死)	(活,活)
	不污蔑	(死,活)	(活,活)

从这张图中我们可以很清楚地看出，斥候被伍子胥拖入了一个困境。这只是斥候眼中的情况分析，因为现实中根本不存在宝珠这一说，这都是伍子胥编造出来的。伍子胥有言在先，如果他被押送回去，将会污蔑斥候抢了他的宝珠。斥候会想，到时候自己百口难辩，只有死路一条。要想活命，只有将伍子胥释放，这正中伍子胥下怀。

当人们面对危险的时候，大都抱着“宁可信其有，不可信其无”的态度。谁都不想让自己陷入麻烦，陷入困境。伍子胥正是抓住人的这一心理才敢大胆地编造谎言来骗斥候，使自己摆脱困境。

这是一个很典型的将自己的困境转化为对方的困境，将自己的劣势转化为优势，将自己的被动转化为主动的故事。这种情况类似于你陷入沼泽的时候紧紧抱住敌人的大腿，迫使他与你合作，帮助你成功逃脱困境。

上面这个故事中采用的策略是将别人拖下水，下面这个故事则是单纯地设计一种困境，让对方自己犯错误，从而达到自己想要的目的。

唐朝时期，有一位官员接到报案，当地一个庙中的和尚们控告庙中的主事僧贪污了一块金子，这块金子是一位施主赠予寺庙用于修缮庙宇用的。这些和尚们振振有词，说这块金子在历任主事僧交接的时候都记在账上，但是现在却不见了，他们怀疑是现在的主事僧占为己有，要求官府彻查。后来经过审讯，这位主事僧承认了自己将金子占为己有，但是当问到这块金子的下落时，他却支支吾吾说不出来。

这位官员在审案过程中发现这位主事僧为人和善宽厚，怎么看都不像一个作奸犯科的人。这天夜里，他到大牢中去看望这位僧人，只见他在面壁念佛。他问起这件事情的时候，这位僧人说："这块金子我从未谋面，寺里面的僧人想把我排挤走，所以编造了一本假账来冤枉我，他们串通一气，我百口莫辩，只得认罪。"听完之后，这位官员说："这件事让我来处理，如果真的如你所说，你是被冤枉的，我一定还你一个清白。"

第二天，这位官员将这个寺庙中历任主事僧都召集到衙门中，然后告诉他们："既然你们都曾经见过这块金子，那么你们肯定知道它的形状，现在我每人发给你们一块黄泥，你们将金子的形状捏出来。"说完之后，这些主事僧被分别带进了不同的房间。事情的结果可想而知，原本就是凭空编造出来的一块金子，谁知道它的形状？最后，当历任主事僧们拿着不同形状的黄泥出来的时候，这件案子立刻真相大白。

这个故事中的官员采用的策略是，有意地制造信息不平等，使得原本主事僧们之间的合作关系不存在，每个人都不知道别人是怎么想的。 这样的做法很常见，其中有这样一个故事，可能在你我身边都发生过。

有两位非常好的朋友，同时他们也是大学同班同学。第二天是期末考试的最后一门，考完这一门便是漫长的寒假。想到这一点，他们俩都很兴奋，于是决定去参加一个聚会庆祝一下。 谁想两人玩过了头，一觉睡到第二天中午。 等两人醒来的时候，才发现考试已经开场了，这个时候去肯定来不及了，该怎么办呢？ 按照学校的考试规则，只有一个办法弥补，那就是有事请假，申请补考。 他们决定采用这一招，便打通了这门课老师的电话请假，他们说自己乘坐的巴士在高速公路上爆胎了，现在正被困在其中，不得已只能打电话请假，申请补考。 老师思考了一会儿，答应了他们的请求。 两人非常高兴，觉得自己挽回了败局。

等到第二天两人坐在教室里参加补考的时候才发现，试卷上只有一道题：请问你们昨天乘坐的巴士爆的是哪只车胎？这时候，两个学生才知道自己掉进了老师设下的“困境”中。

聪明不一定是件好事情

核心提示

博弈论不仅是一门实用的学问，同时也是一门有趣的学问。原本人们希望通过博弈论来使自己变得更聪明、更理智，更有效地处理复杂的人际关系和事情，但就是这种能让人变聪明的学问却告诉大家：人有时候不能太聪明，否则往往会聪明反被聪明误。

心理解析

哈佛大学教授巴罗在研究“囚徒困境”模式的时候，提出了一个很有趣的模式，被称作“旅行者困境”，阐述的是人是如何因为“聪明”而吃亏的。

这是一个非常接近我们现实生活的模式。假设有两位旅行者，我们分别叫她们海伦和莉莉。这两位旅行者之前互不相识，但巧的是她们去了同一个地方旅游，在当地买了同样的一个瓷器花瓶作为纪念，并且乘坐同一个航班返回。当飞机在机场降落之后，她们两人都发现自己的花瓶在运输途中被损坏了，便向航空公司提出索赔。由于花瓶不是在正规商场买的，所以没有发票，航空公司也就无法知道这两个花瓶的真实价格，但是估计不会超过1000元。航空公司怕两人漫天要价，最终有人想出了一个办法：将两个人分别带到不同的房间，让她们各自写下当初购买花瓶时花了多少钱，航空公司会按照其中最低的那个价格进行赔偿。同时，谁的价格低将会被认为是诚实的，额外给予200元的诚实奖励。

航空公司的想法很简单，既然两人是在同一个地方同时买了同样的东西，那么按理说两人购买的价格应该是相同的，如果有人说谎，那么写出来的价格低的一方应该是诚实的，或者说是相对诚实的，公司应该按照这个价格给予两人补偿。同时，价格低的一方将会得到200元的诚实奖励。这样算下来，会有4种情况：

第一种：双方都申报1000元，航空公司将支付2000元的赔偿金。

第二种：两人中有一人申报1000元，一人申报1000元以上，航空公司将支付2200元的补偿金。

第三种：两人中一人申报1000元，一人申报1000元以下，航空公司将支付小于2200元的补偿金。

第四种：两人都申报1000元以下，且相同，航空公司将支付小于2000元的补偿金。

总而言之，航空公司最多会支出2200元的补偿金。

但是对于两位旅行者来说，事情就没有这么简单了。海伦和莉莉两人都清楚航空公司知道这样的花瓶顶多值 1000 元，事实也确实是这样，并且谁申报的价格低，谁就将会获得 200 元的奖励。

海伦会想，航空公司不知道具体价格，但是莉莉知道，既然最高价格定在了 1000 元，那么莉莉肯定会认为多报多得，她的报价最有可能在 900 至 1000 元之间。如果我报 900 元以下，就可以拿到 200 元诚实奖，那我就报 899 吧，这样最后可以拿到 1099 元。

事情没有海伦想的那样简单，因为这时莉莉也想到了这些。她已经猜测出了海伦会这样想，谁也不想被别人利用和算计，所以决定将计就计，以牙还牙，申报 889 元，这样自己有可能拿到 1089 元。

海伦在申报之前，再三斟酌，想莉莉肯定已经猜出了我是怎样想的，她会申报一个更低的价格，干脆一不做二不休，来就来个狠的，直接申报 879 元。虽然这个价格已经低于自己当初买花瓶时花的 888 元，但是再加上 200 元的诚实奖，自己就有可能拿到 1079 元，还是赚不少。

事情接下来的发展就像下棋一样，自己在出招之前总会想对方是怎样想的，然后又想到对方如果猜到了自己知道她是怎样想的会怎么样，这样两个人都在比谁会想得更远。随着想得越远，笔下申报的价格也越来越低，自己有可能得到的额外补偿也越来越低，最终两人都将报价定在了 689 元，因为这个价格再加上 200 元的奖励，就是 889 元，比自己当初花的钱还多 1 元。

两人都以为自己已经把事情做绝了，但是没想到对方也是如此。所以当航空公司的工作人员将两人申报的价格同时打开的时候，海伦和莉莉两人都有点懵了，唯有航空公司暗中偷着乐。

最终的结果是，航空公司只支出了1378元的补偿款，远远低于最初预计的2200元的最高额。而海伦和莉莉两人则每人损失了199元。原本两人可以共同申报最高限额1000元，这样两人就能各赚112元，但是两人却是互相算计对方，结果聪明反被聪明误。

聪明反被聪明误的例子比比皆是：一位有钱人家的狗丢了，被一个穷人捡到。穷人发现了有钱人贴在墙上的寻狗启事，声称谁若是发现了这条狗将给予1万元的奖励。这个穷人想第二天就带着这条狗去领钱。第二天早上，他从电视上得知，有钱人已经把奖金提高到了3万，寻求提供线索的人。他想了一下，准备下午带着狗去领钱，没想到到了中午电视中寻狗的奖金就升到了5万元。这下子这个穷人乐疯了，知道自己手里这条狗是“聚宝盆”，所以就一直守在电视前，眼看着有钱人给提供线索人的奖金从5万元升到了8万元，又升到了10万元。没过几天，这条狗的价值已经达到了20万元。这时候，这个穷人决定出手，带着狗去领钱。一回头才发现，这几天光顾着看电视，没有喂狗，狗已经饿死了。

还有这样一个故事：清朝人乔世荣曾经担任七品县令，一天，他在路上碰到了一老一少在吵架，并且有不少人在围观，他便过去了解情况。原来是年轻人丢了一个钱袋，被老者捡到，老者还给年轻人的时候，年轻人说里面的钱少了，原本里面有五十两银子，现在只剩下十两，便怀疑被老者私藏了；而老者则不承认，认为自己捡到的时候里面就只有十两银子，是年轻人想敲诈他。围观的人中有人说老者私藏了别人的银子，也有人说年轻人恩将仇报。最后乔世荣上前询问老者："你捡到钱袋之后可曾离开原地？"老者说没有，一直在原地等待失主回来寻找。围观的人中不少站出来为老者作证。这时候乔世荣哈哈大笑起来，说道："这样事情就明白了，你捡的钱袋中有十两银子，而这位年轻人丢失的钱袋中有五十两银子，那说明这个钱袋并非年轻人丢失的那个。"说到这，他转头朝年轻人说，"年轻人，这个钱袋很明显不是你的，你还是去别处找找吧。"最终年轻人只能吃这个哑巴亏灰溜溜地走了；而这十两银子，被作为拾金不昧的奖励，奖给了捡钱的老者。这个故事告诉我们，有的人吃亏不是因为太傻，而是因为太精明。

无论是"旅行者困境"的故事，还是上面这两个"聪明反被聪明误"的故事，我们都可以从中得到两点启示：一是人在为自己谋求私利的时候不要太精明，因为精明不等于聪明，也不等于高明，太过精明往往会坏事。我们在下棋的时候，顶多能想到对方三五步之后怎么走，几乎没有人会想到对方十几步甚至几十步之后会如何走。像"旅行者困境"故事中，每个人都想来想去，最终把自己的获利额降到了 1 元钱，结果弄巧成拙，太精明了反而没占到便宜。

故事给我们的第二个启示就是运用"理性"的时候要适当。理性的假设和理性的推断都没有错，但是如果不适当，过于理性，就会出现上面故事中的情况。

THE FOURTH CHAPTER

第四章

智猪博弈：以弱胜强，先发制人

小猪跑赢大猪

核心提示

“智猪博弈”给了竞争中的弱者（小猪）以等待为最佳策略的启发。在博弈中，每一方都要想方设法攻击对方、保护自己，最终取得胜利；但同时，对方也是一个与你一样理性的人，他会这么做吗?这时就需要更高明的智慧。博弈其实是一种智力的竞争。作为一门科学，博弈论就是研究不同主体之间相互影响行为的一种学问。或者准确地说，博弈论是研究决策主体行为发生直接相互作用时的决策以及这种决策的均衡问题的学问，因此也有人把它称为“对策论”。

心理解析

山上的庙中生活着一个和尚，口渴了，他便拿起庙里的水桶和扁担到山下挑水喝。后来，又来了一个和尚。但是，两人谁都不愿自己一人下山挑水，让对方占便宜。最后，为了公平起见，两人一起到山下抬水喝。不久，庙里又来了第三个和尚。同样的问题再次出现了。如果一个人下山挑水，总有两个人是休息的。如果两个人抬水，依然会有一个人不用出力，坐享其成。每个人都不愿意自己受累吃亏，打算依赖对方。结果，三个和尚都没水喝，最终渴死了。

《三个和尚》是我们比较熟悉的一个故事。假如我们用博弈论的观点来看，会发现这个故事与博弈论中“智猪模式”的情况相吻合。

所谓“智猪模式”的基本情况是这样的：

在一个猪圈里，圈养了两只猪，一大一小，且在一个食槽内进食。根据猪圈的设计，猪必须到猪圈的另一端碰触按钮，才能让一定量的猪食落到食槽中。假设落入食槽中的食物是 10 份，且两头猪都具有智慧，那么当其中一只猪去碰按钮时，另一只猪便会趁机抢先去吃落到食槽中的食物。由于按钮到食槽有一定的距离，所以碰触按钮的猪所吃到的食物数量必然会减少。如此一来，会出现以下 3 种情况：

（1）如果大猪前去碰按钮，小猪就会等在食槽旁。由于需要往返于按钮和食槽之间，所以大猪只能在赶回食槽后，和小猪分吃剩下的食料。最终两只猪的进食比例是 5∶5。

（2）如果小猪前去碰触按钮，大猪则会等在食槽旁边。那么，等到小猪返回食槽时，大猪刚好吃光所有的食物。最终的进食比例是 10∶0。

（3）如果两只猪都不去碰触按钮，那么两只猪都不得进食，最终的比例是 0∶0。

在这种情况下，无论是大猪还是小猪都只有两种选择：要么等在食槽旁边，要么前去碰触按钮。

从上面的分析中我们可以发现，小猪若是等在食槽旁边，等着大猪去按按钮，自己将会吃到落下食物的一半；而若是小猪自己去碰按钮的话，结果却是一点儿也吃不到。对小猪来说，该如何选择已经很明了，等着不动能吃上一半，而自己去按按钮反而一无所获，所以小猪的优势策略就是等在食槽旁。来看大猪，它已经不能再指望小猪去按按钮了，而自己去按按钮的话，至少还能吃上一半，要不就都得饿肚子。于是，它只好来回奔波，小猪则搭便车，坐享其成。

很显然，“小猪搭便车，大猪辛苦奔波”是这种博弈模式最为理性也是最合理的解决方式。无论是大猪还是小猪，等着别人去碰按钮都是最好的选择，但是如果两者都这样做的话，也就只有一起挨饿的份儿了。所以，大猪不得不去奔波，被占便宜。两头猪之间的“智猪博弈”非常简单，容易理解，同时还与许多现实社会中的现象有着相同的原理，能够给人们许多启发。

总有人想占便宜

核心提示

在现实生活中，也许很多人并不十分了解“智猪博弈”，却在无意识中应用这一博弈模式处理自己所遇到的问题。例如，在现今的职场中，充满着各种各样的人际冲突。同时也存在着不少像“智猪博弈”中的“大猪”和“小猪”类型的人。

心理解析

我们常常会碰到这样的情况：有些人工作勤勤恳恳、认真负责、任劳任怨，整日里忙得团团转。有些人的工作状态则刚好相反，工作应付了事，总是一副清闲自在的样子。大多时候，这两类人所收到的回报几乎等同，第一类人是“出力不讨好”，第二类人则是“不劳而获”。

很显然，职场中“不劳而获”的人指的就是“智猪模式”中的那只“小猪”。事实上，“小猪”在职场中的存在非常

◇ 智猪博弈 ◇

团队里的人也分为“大猪”“小猪”两种，合作的同时也在进行博弈。“大猪”出于对自己利益的考量，只好能者多劳，让“小猪”搭顺风车，也就存在着“出力不讨好”和“不劳而获”两种现象。

普遍。下面提到的这位李先生就是其中之一。

李先生遵循并奉行这样一种原则："绝不出风头，跟在强者后。"李先生这样解释自己的这一原则，跟着工作能力强的人，如果事情做得好，自己也会得到嘉奖，即使出现了纰漏，自己也不会是责任的承担者。在李先生看来，这条原则非常有效，让自己也获益匪浅。

大学期间，李先生在组织参加校内一些活动的时候，总喜欢跟着工作能力强的人，听从调遣。自己只做一些辅助性的工作。李先生以此获得了不少老师的赞赏，加上他不抢功，给自己换来了好人缘，建立了好的关系网。最终，李先生凭借着自己的好人缘，获得了一份不错的工作。

工作后，李先生仍然遵循着这一原则。相较于那些埋头苦干的人，他每天看起来非常清闲。他与上下级以及同事也相处得都非常融洽。一年下来，李先生的成绩不小，既升职又涨工资。李先生并不认为自己的做法有什么不合适。在他看来，在工作上偷点儿懒没什么不好，同时也为其他同事提供了表现自我的机会。自己只不过是借机沾点儿光罢了。虽然在工作上不是那么的卖力，但是自己也不是什么都没有付出。毕竟，良好的人际关系是需要费心费力去经营的。这个基础打好了，自己以后的工作才能更轻松，不需要那么辛苦地埋头苦干。

与工作清闲、轻松升职涨工资的李先生相比，下面讲到的王先生就是辛苦奔波的"大猪"。

王先生是一家公司某部门的经理助理。该部门的成员只有 3 个：经理、助理、普通员工。通常情况下，作为经理助理，工作应该不会太过于繁忙。但是王先生却总是大呼太累，抱怨自己的工作量太大。

王先生的抱怨并不是无中生有，而是真实的情况。王先生在部门里的位置比较尴尬，上有部门经理，下有普通员工。部门经理喜欢什么事都交给王先生去办，所以王先生除了自己的本职工作外，还要经常处理经理额外安排的工作。其实，有些工作王先生可以交代给那名普通员工去做，但是这名员工的工作能力一般，王先生把工作交给他，自己又不放心。无可奈何之下，王先生只能尽可能地处理手头的工作，往往是刚刚完成一个，另一个便接踵而至，似乎工作永远没有做完的时候，总是有一堆的工作等着他去做。于是，在上班的时间内，王先生总是忙碌的，一分钟也闲不下来。

由于该部门的事情总是由王先生忙前忙后，以至于出现了这样一种现象：只要是与该部门有关的事情，找王先生就可以了。于是，一个部门里的 3 个人，经理整日里优哉游哉，员工无所事事，只有王先生一个人忙个不停。

公司每年都会在年末的时候，对各部门的工作进行奖评。王先生所在的部门获得了 5 万元的奖励。经理分得奖金 3 万元，王先生和另一名员工平分剩余的 2 万元。这让王先生内心非常不平衡。自己整日里忙得像个陀螺，总是没有清闲的时候，才挣 1 万元的奖金。再看看另外两个人，总是清闲度日，却能轻轻松松地拿到奖金。这算什么事儿呢？不过，王先生再转念一想，算了，自己虽然工作得辛苦些，好歹年终的时候还能拿得到奖金。如果自己也像另外两个人那样，这个部门不就没人干活了吗。真要是出现那种情况，能保住工作就已经不错了，哪里还有奖金可拿？于是，王先生出于责任和大局的考虑，只能继续任劳任怨地工作。

很显然，只要出现团队合作的工作，就会出现不同程度的“搭便车”现象，像王先生这样的“大猪”和类似李先生这样的“小猪”就必定存在，这是一个无法避免的问题。而且，对于曾经长时间合作的人来说，由于大家都熟悉各自的行事作风，这种情况就可能更为突出。于是，“大猪”出于对工作全局的考虑，必定会尽全力完成工作。“小猪”则搭乘顺风车，装作努力工作的样子，实则借机投机取巧，分享“大猪”的工作成果。

其实，我们心里都很清楚，“小猪”在职场中的这种做法不是长久之计。俗话说：“路遥知马力，日久见人心。”大多时候，“小猪”得到的只是一时的风光。毕竟，“实力才是硬道理”。一旦出现了新的合作关系，或是工作性质发生变化，不再是团队合作，那么“小猪”在实力上的弱点必定会暴露无疑。

对于一个管理者来说，职场搭便车的现象不会给公司的发展带来任何的助力，只会起到不好的作用。要想趋利避害，尽量从根本上避免这类情况的出现，管理者必须在整体的管理上下功夫。比如说，应该制定合理化的制度，使员工的职责细化，让每一个员工都能明确自身所承担的责任，增强员工的工作责任感。与此同时，要时时关注自己的员工，对他们的实际能力和工作表现做出客观的评定。要让员工感到自己的付出能获得相应的回报。对那些的确有能力的员工，提供施展自己的平台，增强员工的归属感。此外，通过赏罚分明的奖励机制，增强员工之间公平竞争的意识，提高员工的工作热情。在“优胜劣汰”的原则基础上，让那些习惯“搭便车”、坐享其成的“小猪”远离团队合作。

“小猪”的做法虽然有种种弊端，但是对于一个聪明的工作者来说，努力做一只具有实力、勤奋工作的“大猪”是必须的。不过，在合适的时候，偶尔做一次借力使力的“小猪”也未尝不可，只要把握好“度”和时机即可。

贪小便宜吃大亏

核心提示

小猪坐享其成、不劳而获的搭便车行为是“智猪博弈”的典型特征。如果细究其“搭便车”行为产生的根源，其实反映了博弈者的投机和贪占小便宜的心理。

心理解析

我们都知道滥竽充数这个成语故事，故事中的南郭先生就是一个“搭乘便车”的人。不过，这种投机行为必定不可能长久，谎言终有被识破的一天。当新的齐王即位，要求乐师单独演奏的时候，南郭先生美梦破灭，只能偷偷地从皇宫里溜走了。

当然，在某些博弈环境下，“搭便车”是一种优势策略。对于博弈者而言，当对手在无意中出现漏洞时，自己就可以选择使用这种策略，以此取胜。但这种情况毕竟不会经常出现。所以，博弈者还是要切忌形成贪占小便宜的习惯。毕竟，几乎所有“天上掉馅儿饼”的好事，背后都隐藏着陷阱。

拿我们日常生活中的“搭便车”现象来说，很多骗子就是利用人们“搭便车”、爱贪小便宜的心理，设下诱饵，借机行骗。例如，不少媒体都曾经对一种骗术进行过曝光。通常情况下，这种欺骗行为有两个特点：第一，通常是在银行附近发生。第二，受害人往往都是刚从银行里提取了现金。

这种骗术通常需要三人以上才可以实施。当受骗人在银行里提取现金的时候，这场骗术就已经开始了。有一个骗子专门负责在银行里寻找目标，一旦选定的目标携带现金离开银行，第二个骗子就开始行动了。这个骗子会在路经受害人身边时，故意掉下一个钱包或是看起来是用硬纸包起来的一沓纸币，这就是骗子故意设下的诱饵。无论是钱包还是纸包，里面并没有多少钱。很多时候，骗子会在从外面看得见的明显处放置几张人民币，其余的部分都是用白纸代替。

如果你看到诱饵后，不理不睬，那么骗子的计策自然也就失效了。但是大多数的受害者都选择了捡起钱包或是包裹，一看究竟。此时，第三个骗子就会及时出现，表示见者有份，要求受害人与自己平分捡到的钱财。一旦受害人接受提议，骗子又会表现出自己吃亏的态度，故作好意提醒受害人，自己不要钱包，让受害人随便拿点钱给自己，赶紧离开现场，以免引起别人的怀疑。

通常情况下，受害人都会认为自己捡了大便宜，就按照骗子的提醒，把自己刚取的现金拿出来，分给骗子，自己留下“诱饵”。等到受害人美滋滋地打开钱包或是包裹，查看自己占了多大便宜的时候，才发现自己受骗了。 此时，骗子们早已逃得不见了踪影，可谓后悔晚矣。

这一骗术之所以能够成功，就是充分利用了人们贪占小便宜的心理。 事实上，利用人们这种心理的欺诈行为并不少见。

2009 年 3 月，央视《经济半小时》栏目对当时收藏市场上的热销产品——“范曾十二生肖金币大全套”的真实情况进行曝光：“该套标价 1. 88 万元、宣称耗用 68. 6 克纯黄金铸造的金币收藏品，经权威部门检验，每套藏品实际含金量竟只有 34. 6 克！ 特别是宣称含金量为 35 克的纯金画卷，其含金量仅 1 克。”

究竟是怎么回事呢?

十二生肖图和五牛图是国画大师范曾先生的绘画精品。中福海文化公司和饮兰山房文化公司在从范曾先生那里拿到了这两幅作品的版权后，便与一家所谓的“香港金币制造有限公司”联合发售了一款标价为 1. 88 万元的“范曾十二生肖金币”和纯金画卷，声称该套产品共耗用纯金 68. 6 克，产品还附有相关权威机构的鉴定证书，极具收藏价值。

事实上，在这套产品中，黄金的实际含量只有 30 多克。产品实际情况与宣传差异最大的是纯金画卷。 在产品宣传中，商家号称纯金画卷的含金量高达 35 克。 后来，在经过专家检验后发现，画卷实际含金量仅是宣传的 1/35，也就说，只含 1 克黄金。 也就是说，这套金币的真实价值与售价相差甚远，推出这款金币和纯金画卷的商家已经对消费者构成了欺诈。

如果按照这组数据对已经售出的产品进行计算，商家从消费者那里骗取了 200 多公斤的黄金。 而且，由于商家在销售这款产品时，以范曾先生的作品为卖点，所以产品的售价中还包括了所谓的收藏价值。 根据相关部门的调查，中福海文化公司和饮兰山房文化公司仅是通过销售该套产品，就从消费者手中诈骗了近亿元人民币。 其中，仅是在虚构的黄金含量上就获利 4000 多万元。 更夸张的情况是，与这两家公司联合发售产品的“香港金币制造有限公司”根本就不存在。

如果仔细分析这次欺诈事件，我们不难看出，这两家公司就是利用了消费者贪小便宜的心理，精心设计了这样一个坑害消费者的陷阱。

这两家公司先是从范曾先生那里拿到了画作的版权。 这么做的目的，就是给这套产品披上了一层可能会增值的外衣。毕竟，范曾先生的作品在当前的书画市场上具有很高价值。一旦收藏，其未来的价值必定得到提升，具有很大的收藏价值。 接下来，他们又以黄金为载体把画作呈现出来，更是提高了产品对消费者的吸引力。

对于消费者来说，范曾的作品本身就具有很高的收藏价值，再加之以贵金属锻造，存在巨大的升值空间。 虽然现在的标价是 1.88 万元，但这套产品将来的价值肯定超过这个数值。 很多人都会这么想：这么大的便宜，不占是傻子。 于是，消费者就在这种贪便宜的心理和利益的驱使下，上当受骗。

先下手还是后下手

核心提示

在博弈中，究竟应当先出招，还是后发制人，与博弈者的实力强弱并没有直接的联系，关键是应该基于博弈的实际情况做出判断。

心理解析

公元前 574 年，晋厉公为了教训背叛自己的郑国，分别邀请宋国、齐国、鲁国和卫国出兵，联手讨伐郑国。

当时，郑国与楚国已经结盟。郑成公听闻晋国联合四国军队要来攻打自己的消息后，立刻向楚国求救。其实，晋国和楚国为了争夺中原霸主的地位，早已将对方视为自己的眼中钉，肉中刺。所以，楚共王在接到求救信后，便决定亲自率领大军前去和晋厉公一决雌雄，以解郑国之围。楚国和郑国的军队联合后，人数达到近十万，战车五百多辆。

楚、郑两国联军与晋厉公的大军在鄢陵相遇，双方随即摆开阵势，准备交战。此时，另外四国的军队还未赶到，晋国军队在人数上处于劣势。与对方相比，晋国的战车数量和对方相差无几，但是人数却只有对方的一半左右。

楚共王自然不愿意放弃这种力量明显优于对方的战机，便打算主动出击，想趁着晋国的盟军赶到之前将其消灭。晋厉公也知道目前自己暂时处在下风，于是在安营扎寨后，并没有主动出击，而是选择了坚守。

晋厉公的谋臣郤至对楚、郑两国军队进行了连日的观察后，认为楚国的军队虽然人数上占有优势，但并非兵强马壮。而且，两国军队组成的联军，肯定存在矛盾，协同作战的能力必定大打折扣。于是，他向晋厉公建议，要想改变自己目前的被动局面，就应当主动攻击两国联军。

晋厉公觉得郤至的建议颇有道理，便下令军队主动迎击两国联军。结果，双方交战之处，晋国军队不但没有获得主动，反而因为人数上的悬殊差距陷入了被动。晋厉公察觉到自己决策的失误，但是后悔晚矣，只得奋力拼杀，苦苦支撑。

楚共王看到战局对自己有利，对方此战必败，便心生得意，打算亲自活捉晋厉公，好好地羞辱对方一番。于是，楚共王自己带领一队人马，直奔晋厉公而去。没曾想，刚好一只冷箭正冲着楚共王射来。楚共王被射中左眼，应声落马。

楚共王受伤后，两军的指挥调度就出现了问题。再加之楚国的士兵看到自己的君王身负重伤，军心涣散，士气严重受损。晋厉公抓住机会，趁势反击，打败两国联军。

兵法中有“先下手为强，后下手遭殃”的理论，率先出击的确可以让自己掌握一定的主动，从而获得一定的优势。但是，如果无法把握这种优势，就会变成贸然出击，暴露出自己的弱点，使得自己由主动陷入被动，反而给对手创造了战胜自己的机会。

在上面的这场战役中，晋厉公因为贸然出击使得自己陷入了被围攻的被动境地。楚共王也是因为急功近利、贸然出手，想亲自活捉晋厉公而被冷箭所伤，最终把自己的胜利白白送给了对方。所以说，先下手未必会强，后发制人也未必就会遭殃。

《水浒传》中有一段对后发制人情况的生动描写。林冲在发配的路上，碰到了"小旋风"柴进，被柴进请到家中休息。柴进府中有一名姓洪的教头，和林冲一样善使棍棒。听闻林冲曾是八十万禁军的棍棒教头，这位洪教头便提出要和林冲较量一番。

两人在练武场上站定，洪教头先发制人，率先动手，冲向林冲。林冲并没有立刻迎战，而是略微退后几步，躲过了洪教头的进攻。而后，林冲冲着洪教头进攻中暴露出的破绽，果断出击。洪教头应声倒地，半天爬不起来。

在"智猪博弈"中，小猪所采用的策略是自己等在食槽旁边，坐等大猪的劳动成果。毕竟，根据博弈的具体情况，只有大猪跑去碰按钮，小猪才能有食物吃。如果小猪采用先发制人的策略，自己先跑去碰按钮，反而没有食物吃。所以说，小猪采用的其实就是一种后发制人的策略。

在兵法中，像开门揖盗、以逸待劳、欲擒故纵都是后发制人的计策。历史上非常有名的官渡之战、淝水之战、赤壁之战也都是后发制人的经典战例。

关于后发制人的观点，清末名臣曾国藩曾经说过这样一句话：“凡扑人之墙，扑人之壕，扑者客也，应者主也。我若越壕而应之，则反主为客，所谓致于人者也。我不越壕，则我常为主，所谓致人而不致于人也。”

他认为，战争中的情况非常复杂，敌我双方的主客关系随时都在发生变化。即便是先下手，稍不留神就会出现对方反客为主的情况。与其被对方反主为客，倒不如自己以静制动，后发制人，“蓄养锐气先备外援，以待内之自敝”，最终反客为主。

THE FIFTH CHAPTER

第五章

猎鹿博弈：合作能够带来最大的利益

猎鹿模式：选择吃鹿还是吃兔

核心提示

猎鹿博弈最早可以追溯到法国著名启蒙思想家卢梭的《论人类不平等的起源和基础》。在这部伟大的著作中，卢梭描述了一个个体背叛对集体合作起阻碍作用的过程。后来，人们逐渐认识到这个过程对现实生活所起的作用，便对其更加重视，并将其称之为“猎鹿博弈”。

心理解析

猎鹿博弈的原型是这样的：从前的某个村庄住着两个出色的猎人，他们靠打猎为生，在日复一日的打猎生活中练就出一身强大的本领。一天，他们两个人外出打猎，可能是那天运气太好，进山不久就发现了一头梅花鹿。他们都很高兴，于是就商量要一起抓住梅花鹿。当时的情况是，他们只要把梅花鹿可能逃跑的两个路口堵死，那么梅花鹿便成为瓮中之鳖，无处可逃。当然，这要求他们必须齐心协力，如果他们中的任何一人放弃围捕，那么梅花鹿就能够成功逃脱，他们也将会一无所获。

正当这两个人在为抓捕梅花鹿而努力时，突然一群兔子跑过。如果猎人之中的一人去抓兔子，那么每人可以抓到 4 只。由所得利益大小来看，一只梅花鹿可以让他们每个人吃 10 天，而 4 只兔子可以让他们每人吃 4 天。这场博弈的矩阵图表示如下：

	猎人乙猎兔	猎人乙猎鹿
猎人甲猎兔	(4,4)	(4,0)
猎人甲猎鹿	(0,4)	(10,10)

第一种情况：两个猎人都抓兔子，结果他们都能吃饱 4 天，如图左上角所示。

第二种情况：猎人甲抓兔子，猎人乙打梅花鹿，结果猎人甲可以吃饱 4 天，猎人乙什么都没有得到，如图右上角所示。

第三种情况：猎人甲打梅花鹿，猎人乙抓兔子，结果是猎人乙可以吃饱 4 天，猎人甲一无所获，如图左下角所示。

第四种情况：两个猎人精诚合作，一起抓捕梅花鹿，结果两个人都得到了梅花鹿，都可以吃饱 10 天，如图右下角所示。

经过分析，我们可以发现，在这个矩阵中存在着两个“纳什均衡”：要么分别打兔子，每人吃饱 4 天；要么选择合作，每人可以吃饱 10 天。在这两种选择之中，后者对猎人来说无疑能够取得最大的利益。这也正是猎鹿博弈所要反映的问题，即合作能够带来最大的利益。

在现实生活中，凭借合作取得利益最大化的事例比比皆是。先让我们来看一下阿姆卡公司走合作科研之路击败通用电气和西屋电气的故事。

在阿姆卡公司刚刚成立之时，通用电气和西屋电气是美国电气行业的领头羊，它们的整体实力远远超过阿姆卡公司。但是，中等规模的阿姆卡公司并不甘心臣服于行业中的两大巨头，而是积极寻找机会打败它们。

阿姆卡公司秘密搜集来的商业信息情报显示，通用和西屋都在着手研制超低铁省电矽钢片这一技术。从科研实力的角度来看，阿姆卡公司要远远落后于那两家公司，如果选择贸然投资，结果必然会损失惨重。此时，阿姆卡公司通过商业情报了解到，日本的新日铁公司也对研制这种新产品产生了浓厚的兴趣，更重要的是，它具备最先进的激光束处理技术。于是，阿姆卡公司与新日铁公司合作，走联合研制的道路，比原计划提前半年研制出低铁省电矽钢片，而通用和西屋电气研制周期却长了至少一年。正是这个时间差让阿姆卡公司抢占了大部分的市场，这个中等规模的小公司一跃成为电气行业一股重要的力量。与此同时，它的合作伙伴也获得了长足的发展。2000 年，阿姆卡公司又一次因为与别人合作开发空间站使用的特种轻型钢材，获得了巨额的订单，从而成为电气行业的新贵，通用和西屋这两家电气公司被它远远地甩在了身后。

在这个故事中，阿姆卡公司正是选择了与别人合作才打败了通用电气和西屋电气，从而使它和它的合作伙伴都获得了利益。如果阿姆卡在激烈的竞争中没有选择与别人合作，那么凭借它的实力，要想在很短的时间内打败美国电气行业的两大巨头，简直比登天还难。而日本新日铁公司尽管拥有技术上的优势，但是仅凭它自己的力量，想要取得成功也是相当困难的。

合作是取胜的法宝

核心提示

在一个博弈里，参与者的决策一般来说会有4种组合：

第一，参与者全部采取合作的方式，对集体来说，这是一个最优的决策。

第二，本人采取不合作的方式，但却能获得最大的个人收益，这一决策对个人来说是最优的。

第三，当别人采取不合作的态度时，自己却选择合作，这种情况无论是对个人，还是对集体来说，都不是最优决策，所以基本上不会出现。

第四，全部参与者都选择背叛，对集体来说，这是最坏的结果，同时对个人而言，也可能是最坏的结果。

心理解析

公石师和甲父史同在越国某地为官。他们的交情很好，但性格却完全不同。一个处事果断，但缺少心计，经常因为疏忽大意而犯错；另一个做事优柔寡断，但却善于计谋。因为他们能够相互取长补短，所以无论干什么事都能够成功。某天，他们因为一件小事大吵了一架，吵完之后就谁也不理谁了。两个人分开之后，因为缺少了另外一个人的帮助，所以做事总是无法成功。密须是公石师的下属，他看到这种情况，痛心不已，于是就想劝他们重归于好。一个偶然的机会，他对公石师和甲父史讲了几个有趣的故事。

有一种带有螺壳的共栖动物，名字叫作琐蛣。因为它的腹部很空，所以寄生蟹就住在里面。当琐蛣饥饿之时，寄生蟹就会出去寻找食物。琐蛣靠着寄生蟹寻找到的食物而生存，寄生蟹凭借琐蛣的腹部而安居。水母没有眼睛，于是就与虾合作，靠虾来带路，作为回报，虾可以分享水母的食物。它们互相帮助，缺一不可。蟨鼠是一种前足短、善于觅食而不善于爬行的动物，有一种叫作邛邛岠虚的动物，它与蟨鼠正好相反，四条腿很长，善于奔跑却不善于觅食。于是它们联合在一起，平时邛邛岠虚靠着蟨鼠养活，一旦遭遇劫难，邛邛岠虚则背着蟨鼠迅速逃跑。

讲完这几个因合作而受益的故事后，密须又向他们讲了两个双方不能分开的故事。

西域有一种两头鸟，之所以叫这个名字，是因为它有两个头，并且共同长在一个身子上。可是，这两个鸟头并不能和平相处。饥饿的时候，两个鸟头互相啄咬，当其中一个睡着了，另一个则会往它嘴里塞毒草。如果那只鸟把毒草咽下去，那么两个鸟头都会死掉。北方有一种比肩人，之所以叫这个名字，是因为这种人的两个肩长在一起。吃东西的时候，他们会轮流着吃喝；如果要看某处风景，他们也会交替着看。这两个比肩人死一个则全死，所以说他们是不能分离的。

讲完这几个故事后，密须对公石师和甲父史说："现在你们就像故事中的比肩人一样，一损俱损，一荣俱荣。既然你们分开后做事总是不能成功，那么为什么不能像以前那样合作呢？"公石师和甲父史觉得密须的话讲得非常有道理，于是就重归于好，还像以前那样合作办事。

这则寓言指出，在竞争日益激烈的环境之下，只有团结协作、取长补短才能获得成功。

下面再来看一下"幸存者"游戏带来的启示。

所谓"幸存者"游戏，是指美国哥伦比亚广播公司(CBS)制作的电视游戏纪实片。在这个游戏中，从美国各地征集而来的16名参与者被集中在一片海岸丛林里，并且与外界断绝所有联系的情况下，经过一段时间的淘汰，找出最后的"幸存者"。

游戏开始后，16人被分成两组，他们每隔3天就要进行一场团体比赛。获胜一方会获得豁免权或他们需要的食物，而失利一方中的一名成员将会被淘汰掉，淘汰的方法是全体投票选择。正是因为参赛双方都是为豁免权而拼搏，所以这个游戏又被称作"豁免权比赛"。随着比赛的不断深入，遭到淘汰的人越来越多，当双方一共只剩下8个人的时候，参赛的两组会合并成一组继续淘汰，直到仅有一个人留下来，这个人也就是最后的“幸存者”，作为奖励，他将获得一笔可观的奖金。

熟悉游戏规则之后能够看出，这场所谓的“幸存者”游戏，其实就是一场人类生存博弈，只是它的范围要小一些。游戏举办者的目的，就是通过这场生存博弈，让处于生存压力之中的现代人明白群体博弈的道理。

从这个游戏规则中我们可以看出，这是一个零和博弈，“幸存者”只有一个人，其他的人都要被淘汰掉。我们还能够看出，这两组成员如果要保障自己在野外生存下来而又不被淘汰，既要与同伴合作，又要善于谋略。

在“幸存者”游戏中，首先被淘汰的会是哪些人呢？经过分析我们得知，主要有以下 5 种人：

第一种，那些有明显的缺陷的人。明显的缺陷对参加这个游戏的选手来说是相当不幸的。我们知道，这个游戏是在野外进行的，条件也相当艰苦，所以明显的缺陷会使选手的竞争力大打折扣，对于整个团队来说，首先淘汰这样的人是非常明智的选择。

第二种，那些善于说谎的人。说谎可以欺骗一两个人，但不能骗过团队所有人，当大家都知道他说谎的时候，也就是他离开的时候。

第三种，那些与团队成员缺乏必要的沟通和交流的人。如果一个人做事的能力差一些，但是他愿意和团队的成员多沟通与交流，那么他有可能在与大家的沟通与交流中获得灵感，从而帮助团队解决一些问题。这样的话，大家也会对他刮目相看。虽然他做事的能力相对差一些，但至少在游戏的前期不会遭到淘汰。相反，如果一个人与团队成员缺乏必要的沟通与交流，那么别人无法知道他的想法，自然也就无法与其顺利地合作下去。

第四种，那些投机分子。他们有能力为团队做出贡献，但却什么也不做，整天只是无所事事却总盼望着坐享其成。

第五种，居功自傲、目中无人的人。他们自认为有过出色的表现，为团队做出过贡献，于是就不把别人放在眼里，置整个团队的利益于不顾，只想着表现自己。这种人因为能力比较强，所以在游戏的开始阶段对团队是有用的，但是，随着团队一步步向前发展，这种人便会越来越让人讨厌，从而阻碍整个团队的发展，所以这种人将会是最后一批遭到淘汰的人。

当这个游戏只剩下 8 个参与者的时候，两个经历过磨难，艰难走过初创期，已经开始进入发展的团队将要合二为一。这个时候，双方会面临很多问题，甚至发生激烈的碰撞，特别是面对一个共同的竞争时，这种碰撞将会更加激烈。于是，有些人为了能够继续生存下去，就会在暗地里搞一些见不得人的手段，这时我们称之为“阴谋”的东西也就诞生了。

在这个竞争激烈的游戏中，最终的“幸存者”会是什么样的人呢?

这个游戏的结果是，那些经验最丰富而善于谋略的人和最机智而年富力强的人将被留下。也许有人会问，这个游戏最后的“幸存者”只有一个人，你所回答的两种不同类型的人至少是两个人，这不符合游戏规则。对，这的确不符合游戏规则，但这个游戏的结果和很多群体博弈一样，最后的几名参与

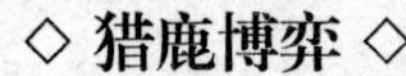

◇猎鹿博弈◇

▲ 居功自傲、目中无人的人

▲ 投机份子

▲ 善于说谎的人

▲ 与团队成员缺乏必要沟通的人

合作是团队制胜的法宝。每个人不同的性格又决定了其在集体中的不同地位，具有上述性格的人在集体博弈中很难得到他人的认同。

者的实力应该是不相上下的。至于谁能成为最终的也是唯一的“幸存者”，那只有看他们的运气了。

总体来说，只有具备以下素质的人才能成为最终的“幸存者”：

第一，诚实的人。诚实是别人信任你的基础，只有诚实的人，别人才愿意与其合作。

第二，不自私的人。自私的人到哪里都会受到别人的排斥。如果想让别人支持信任你，就必须多为团队的利益着想，多为团队做贡献，把你的能力充分表现出来。

第三，善于表达的人。这是一个特别强调合作的游戏，所以参与者要表达出自己的想法，让更多的人了解你。

第四，不张扬的人。一个人如果过分张扬，他同样不会得到别人的认可和喜欢。

第五，警惕性高的人。时刻存在着危机感，必须要时刻保持高度的警觉，时刻预防潜在的危险。

第六，判断能力强的人。在游戏的开始阶段就要判断出哪支队伍更可能获胜，然后根据自己的判断加入其中。

总之，这个“幸存者”游戏带给我们的启示就是，合作能够实现利益最大化，是获胜的法宝。

合作无界限

核心提示

如果博弈的结果是“负和”或者“零和”，那么一方获得利益就意味着另一方受到损失或者双方都受到损失，这样的结果只能是两败俱伤。所以，人们在生存的斗争中必须要学会与对方合作，争取实现双赢。

心理解析

在一个小溪的旁边，长有三丛花草，有三群蜜蜂分别居住在这三丛花草中。有一个小伙子来到小溪边，他看到这几丛花草，认为它们没有什么用处，于是打算将它们铲除干净。

当小伙子动手铲第一丛花草的时候，一大群蜜蜂从花丛之中冲了出来，对着将要毁灭它们家园的小伙子大叫说：“你为什么要毁灭我们的家园，我们是不会让你胡作非为的。”说完之后，有几只蜜蜂向小伙子发起了攻击，把小伙子的脸蜇了好几下。小伙子被激怒了，他点了一把火，把那丛花草烧了个干干净净。几天后，小伙子又来对第二丛花草下手。这次蜜蜂们没有用它们的方式反抗小伙子，而是向小伙子求起了情。它们对小伙子说："善良的人啊！你为什么要无缘无故地伤害一群可怜的生物呢？请你看在我们每天为您的农田传播花粉的份儿上，不要毁灭我们的家园吧！"小伙子并不为所动，仍然放火烧掉了那丛花草。又过了几天，当小伙子准备对第三丛花草进行处理的时候，蜂窝里的蜂王飞出来对他温柔地说道："聪明人啊，请您看看我们的蜂窝，我们每年都能生产出很多蜂蜜，还有极具营养价值的蜂王浆，如果你拿到市场上去卖，一定会卖个好价钱。如果您将我们所住的这丛花草铲除，那么您能得到什么呢？您是一个聪明人，我相信您一定会做出正确的决定。"小伙子听完蜂王的话，觉得它讲得很有道理，于是就放下手里的工具，做起了经营蜂蜜的生意。

在这个故事中，蜜蜂与小伙子之间是一场事关生死的博弈。三丛花草的三种蜜蜂用各自不同的方法来对待小伙子：第一种是对抗，第二种是求饶，第三种是与其合作。这个故事最后的结果显示，只有采取合作策略的蜜蜂最终幸免于难。

不仅是人与人之间的合作会带来双赢，企业与企业之间也同样存在着这样一种关系。

我们大家去商场或者其他地方买东西，一定见过商家在节假日进行联合促销。联合促销是指两家或者两家以上的企业在市场资源共享、互惠互利的基础上，共同运用一些手段进行促销活动，以达到在竞争激烈的市场环境中优势互补、调节冲突、降低消耗，最大限度地利用销售资源为企业赢得更高利益而设计的新的促销方式，在人们的创造性拓展中正成为现实而极具吸引力的促销策略之一。

除了联合促销，很多有实力的企业为获得更大的品牌效应，甚至还搞起了强强联合。金龙鱼与苏泊尔的合作就是一个这样的例子。无论是金龙鱼还是苏泊尔，大家一定对它们非常熟悉。金龙鱼是一个著名的食用油品牌，多年来，金龙鱼一直将改变国人的食用油健康条件作为奋斗目标。而苏泊尔是中国著名的炊具品牌，与金龙鱼一样，它也一直在倡导新的健康烹调观念。一个是中国食用油著名品牌，一个是中国炊具著名品牌，这两家企业为了获得更大的品牌效应，联合推出了“好油好锅，引领健康食尚”的活动。这一活动受到了广大消费者的好评，在全国 800 多家卖场掀起了一场红色风暴。在“健康与烹饪的乐趣”这一合作基础上，金龙鱼与苏泊尔共同推出联合品牌，在同一品牌下各自进行投入，这样双方既可避免行业差异，更好地为消费者所接受，又可以在合作时通过该品牌进行关联。

在这次合作中，苏泊尔、金龙鱼的品牌得到了提升，同时也降低了市场成本：金龙鱼扩大了自己的市场份额，品牌美誉度有了进一步提升；苏泊尔则进一步巩固了中国厨具著名品牌的市场地位。这种双赢局面正是两家企业合作带来的结果。

THE SIXTH CHAPTER

第六章
酒吧博弈：从量变到质变的过程

要不要去酒吧

核心提示

“酒吧博弈”所反映的是这样一个社会现象：我们在许多行动中，要猜测别人的行动，然而我们没有更多关于他人的信息，我们只有通过分析过去的历史来预测未来。

心理解析

假设一个小镇上有 100 个人，小镇上有一家酒吧。到了周末的时候，他们有两个选择：去酒吧活动或是待在家里休息。酒吧的座位是有限的，如果去的人超过了 60 位，就会感到很拥挤，一点也享受不到乐趣。这样的话，他们还不如留在家里舒服。但如果大家都是这么想的，那么就没有人去酒吧，酒吧反而比较清静，这时去酒吧就会很舒服。因此，小镇上的人都面临着如何选择的问题，周末是去酒吧还是不去酒吧？

这个小范围人群的博弈，就是 1994 年美国著名的经济学专家阿瑟教授提出的少数人博弈理论，又称为酒吧博弈模式理论。

我们可以看出这个博弈是有前提条件的，即每一个小镇上的人只知道上个周末去酒吧的人数，而不知道即将到来的周末会去多少人。所以他们只能根据以前的历史数据来决定这次去还是不去，他们之间没有信息交流，也没有其他的信息可以参考。

每个参与者在这个博弈过程中都面临着一个同样的困惑——如果多数人预测去酒吧的人数少于 60，因而去了酒吧，那么去的人就会超过 60 位，这时候做出的预测就是错的；反过来，如果多数人预测去酒吧的人数超过 60 位，因而决定不去，那么酒吧的人数反而会很少。因此，一个人要做出正确的预测就必须知道其他人如何做出预测。但是，在这个问题中，每个人都不知道其他人在这个周末做出何种打算。

酒吧博弈的关键在于，如果我们在博弈中能够知道他人的选择，然后做出与其他大多数人相反的选择，就能在这种博弈中胜出。对于这个问题，首先我们说，对于下次去酒吧的确定的人数我们是无法做出肯定的预测的，这是一个混沌的现象。

混沌系统的变化过程是不可预测的。对于“酒吧博弈”来说，由于人们根据以往的历史来预测以后去酒吧的人数，过去人数的历史就很重要，然而过去的历史可以说是“任意的”，那么未来就不可能得到一个确定的值。而且，这是一个非线性过程——这是指“因”“果”之间的关系是很不分明的。这就是人们常常说的“蝴蝶效应”：太平洋这面一只蝴蝶动了一下翅膀，在对岸就刮起了一场飓风。在“酒吧博弈”中也是如此：假如其中一个人对未来的人数做出了一个预测而决定去还是不去，他的决定就影响了下一次去酒吧的人数，这个数目对其他人的预测及下下次去和不去的决策造成影响，即下下次去酒吧的人数会受他人上一次的决策的影响。这样，他的预测及行为给其他人造成的影响反过来又对他以后的行为造成影响。随着时间的推移，他的第一次决策的效应会越积越多，从而使得整个过程变成不可预测的。

“酒吧博弈”没有什么清晰的答案，就其本身来说，真正的意义也有限。事实上，人们决定是不是去酒吧，并不取决于猜测有多少人去，而是看自己从中是否能得到效用——当然，如果人少一些，不那么拥挤，效用可能会大一些；而人多造成拥挤，效用则会小一些。人多人少的影响仅限于此。更重要的是，自己如何评价这个效用——有些人会认为效用甚低，甚至可能是负的，自然就不会去；而有些人就是喜欢泡吧，哪怕挤一身臭汗也认为值得，他就会去。所以“酒吧博弈”最可能出现的结果是那些更喜欢泡吧的人成为这里的常客，而那些不那么热衷于此的人只是偶尔光顾，每天去酒吧的人数会略有波动，但大致会保持在一定的幅度内。

但是在现实生活中，我们都可能遭遇很多与“酒吧博弈”类似的难题。这可就不是个人爱好所能解决的了。

我国社会发展得很快，城市越来越大，交通越来越发达，道路也不断增多、变宽，但交通却越来越拥挤。在大城市生活过的人都知道，在上下班高峰期，交通堵塞现象极为严重。

◇ 酒吧博弈 ◇

这就是一个酒吧博弈在生活中的运用典例。这些司机的不同路线选择也最终决定了每条道路的拥堵程度。每个人都想要知道别人的选择并做出与之相反的选择来节省时间，但是实施起来是很困难的。

比如北京就是这样，相关部门已经连续出台两项措施来解决这个问题—— 一是实行单双号限行，再就是实现错峰上下班，但这些措施只是缓解了交通拥堵，并没有解决问题。 其实，对于司机来说，关于城市交通拥堵的问题也能用到“酒吧博弈”。

城市道路就像复杂的网络一样，在上下班高峰期间，司机选择行车路线就变成了一个复杂的少数人博弈问题。

一般来说，司机在这种情况下面临两种选择。 一是选择比较短的车程，但却容易堵车；二是选择没有太多车的路线行走，多开一段路程，因为他不愿意在塞车的地段焦急地等待。走哪条路？ 司机只能根据以往的经验来判断。 很显然，每个司机都不愿意走容易塞车的道路，但其他司机也是这么想的。因此，每一个司机的选择都必须考虑其他司机的选择。

在司机行车的“少数者博弈”问题中，经过多次的堵车和绕远道，许多司机往往知道，什么时候该走近路，什么时候应绕远路。 但是，这是以多次成功和失败的经验教训换来的。

在这个博弈过程中，因为经验不足，有的司机往往不能有效避开高峰路段；有的司机因有更多的经验，能躲开塞车的路段；有的司机因为保守，宁愿选择有较少堵车的较远的路线；而有的司机则喜欢冒险，宁愿选择短距离的路线。 最终，这些司机的不同路线选择决定了每条路线的拥挤程度。

压倒骆驼的稻草

核心提示

酒吧博弈模式是一个少数人的博弈，在这种博弈模式下，需要注意由少变多，直到改变事物的本质。

心理解析

有一则小故事，介绍了美国物理学家所做的一个研究。

物理学家们在研究中让沙子一粒一粒落下，落下的沙子慢慢变成了一堆。初始阶段，落下的沙粒对沙堆整体影响很小。他们在电脑模拟和慢速录影的帮助下，可以准确地计算沙堆顶部每落一粒沙会带动多少沙粒移动。当沙堆增高到一定程度之后，落下的任何一粒沙都可能使整个沙堆倒坍。

物理学家们由此提出一种“自组织临界”的理论。也就是说，当沙堆达到“临界”时，每粒沙与其他沙粒就处于“一体性”状态。这个时候，每粒新落下的沙都会产生一种“力波”，虽然这一粒沙的力度很小，却能通过“一体性”影响整个沙堆。随着沙粒的不断下落，沙堆的结构慢慢变得脆弱。也许，下一粒落下的沙就会使沙堆整体发生塌掉。

我们从上面这个研究中可以知道“度”的重要性。凡事如果超过一定的度，就会发生变化。宋代词人辛弃疾说：“物无美恶，过则为灾。”这和阿拉伯国家流传的一个谚语相似：往一匹健壮的骆驼身上放一根稻草，骆驼毫无反应；再添加一根稻草，骆驼还是没有什么反应……当加到某一根稻草时，强大的骆驼轰然倒地。后来，有人把这种作用的原理取名为“稻草原理”。

实验室中的临界点变化，可能有其迷人的美学色彩，但是在现实生活中却可能需要我们绞尽脑汁去采取措施避免或者推动这种变化。

“物以类聚，人以群分”，在现实生活中是一种司空见惯的现象，但是了解了稻草原理之后，我们不仅可以从更宏观的层面上发现社会的内在变化规律，而且也更有助于我们找到一种方法，更好地实现社会的和谐与多元化。

哲学上有种现象叫做“秃头论证”，也和上述理论类似：头上偶尔掉一根头发，你不会担心；又掉一根，你也不会担心……但如果就这样一根根一直掉下去，最后你就变成秃头了。

第一粒泥沙的离开，第一根头发的脱落，变化都不是很明显。当这种变化达到某个程度时，才会引起人们的注意，但还只是停留在量变的程度，难以引起人们的重视。当量变达到某个临界点时，不可避免地就会出现质变。

在一组博弈中，假如一部分参与者同意一种意见，而另一部分参与者赞成另一种意见。但是，如果把这两部分人合成一个整体，再从这个整体的立场出发，将会得出一个出人意料的结果。这是为什么呢？对其他人来说，其中一个单个个体的选择可能产生更大的影响。而做出这个选择的个体，却并没有预先将这个影响计算在内。用多米诺骨牌来形容这个过程是最合适不过的了。

物理学家怀特·海德曾经制作了一组共十三张的骨牌，第一张长5.3毫米，宽4.76毫米，厚1.19毫米，它是最小的一张，还没有小指指甲大。以后每张体积扩大1.5倍。把这套骨牌以适当的距离排好，然后推倒第一张，那么第二张会紧跟着倒下去，紧接着是第三张，第四张……一直到第十三张。令人惊奇的是，与第一张牌倒下时的能量相比，第十三张骨牌倒下时释放的能量整整扩大了20多亿倍。后来经过研究才知道，多米诺骨牌效应的能量是以指数形式增长的。比如说，如果推倒第一张骨牌要用0.024微焦，那么第十三张骨牌倒下时，所释放的能量将达到51焦。

不过现在这样一套骨牌只做到第三十一张，还没有制作出第三十二张。因为按照这样的比例，第三十二张将高达415米，比纽约帝国大厦整整高出一倍。如果这样的一套骨牌真被人制作出来了，那么，第三十二张骨牌倒下的力量可以使摩天大厦轰然倒塌！

骨牌竖着时，重心较高；当第一张牌倒下时，重心下降；当倒在第二张牌上时，第一张牌的重力势能转化为动能转移到第二张牌上。第二张牌倒下时本身也具有重力势能，这个能量和第一张牌转移来的动能一起传到第三张牌上……一直到第十三张。也就是说，每张牌倒下时具有的动能都比前一张牌大，它们依次推倒的能量一个比一个大，所以它们的速度才一个比一个快。这就是这种效应的物理原理。

自牛顿以来，在我们的头脑中，直线和简化的思想一直占据着主导地位。但是，很多科学家最近在各自的领域中发现世界并不是那么简单。它是在关联和交互影响中进化的，而并非是直线发展的。换句话说，世界上充满着各种未知的混沌，这是用直线思维无法解释的。多数物种的灭绝、生态危机的形成都是这样：开始时并不为人所察觉，等到发觉时，离灭绝也就不远了，这时再想办法已经来不及了。

科学家们研究认为，在线性系统中，这种现象的整体正好等于所有部分的相加。因此，在不需要关心其他部分的情况下，系统中的每一部分都可以自由地做自己的事情。但是，整体在非线性系统中可能大于所有部分的相加，而并不等于所有部分的相加，因为系统中的一切都是相关联的。

通过观察，我们往往会发现，物理学、生物学或者是社会学上的非线性系统的基本组成个体和基本组织法则其实并不复杂。但是，这些简单的组成因素之所以复杂，是因为它们的组织自动地相互发生作用：一个系统的组成个体，有无数种可能相互之间发生作用。

非线性系统在这些无数种可能的相互作用下，展现出一系列特点。这些特点与我们以往的认识有很大的不同，它们不在我们能够想象的范围之内。它给了我们这样一个具有科学内涵的启示：非线性的混沌系统一旦超越了它的多样化临界点，或者说它原来的平衡一旦被打破，就会发生爆炸性的变化，而且不可能凭自身能力恢复起来。

水滴石穿

核心提示

正所谓“只要功夫深，铁杵磨成针”，许多小事总是在我们不经意间就成了大事。开始你也许不会在意，但后来却不得不去关注它。

心理解析

宋朝时，有个叫张乖崖的人在崇阳县担任县令。崇阳县社会风气很差，盗窃成风，甚至连县衙的钱库也经常发生钱、物失窃的事件。

张乖崖任县令之后，决心好好地整治一下这个地方的社会风气。

有一天，他在衙门周围巡行，看到一个管理县衙钱库的小吏慌慌张张地从钱库中走出来。张乖崖急忙把库吏喊住：“你慌慌张张的，干什么呢？”

“没什么。”那库吏嗫嚅地说。张乖崖想到，最近钱库经常失窃，怀疑库吏可能监守自盗。便让随从对库吏进行搜查，果然在库吏的头巾里搜到一枚铜钱。

张乖崖把库吏押回大堂审讯，问他一共从钱库偷了多少钱，库吏不承认以前也偷过钱。张乖崖便决定法办库吏。库吏怒气冲冲地道："偷了一枚铜钱算什么，好歹我也是'公务员'，你竟这样拷打我？你也就打打我，还敢怎么样？难道你还能杀我吗？"

看到库吏竟敢这样顶撞自己，张乖崖大怒。他拿起笔，龙飞凤舞地写道："一日一钱，千日千钱，绳锯木断，水滴石穿。"这话的意思是：一天偷盗一枚铜钱，一千天就偷了一千枚铜钱……用绳子不停地锯木头，木头就会被锯断；水不停地滴，能把石头滴穿。张乖崖吩咐衙役把库吏押到刑场，斩首示众。

自此，崇阳县的偷盗风全被止住，社会风气明显好转。

这就是"水滴石穿"的故事。一些力量是微弱的，但是却从不停止，那么这些力量集中起来就会造成可怕的后果。

有一群蚂蚁，看到了一棵百年老树，便打算在这棵树上安营扎寨。蚂蚁们为建设家园辛勤工作着，咬去一点点树皮，挪动一粒粒泥沙。就这样，这一大群蚂蚁日复一日地吞噬着大树。终于有一天，一阵微风吹来，百年老树倒在地上，原来它已经枯朽了。这种循序渐进的过程在生物学上叫"蚂蚁效应"。

在法国有一个小村庄，村旁有一条小河，人们平常用水都是靠它。池塘里面有一片荷花在自由生长着。

有一天，池塘里面流进了一些化学污水。污水里含有荷花的助长剂，使得荷花的生长速度成倍增加。也就是说，荷叶的数目每天都会比前天增加一倍。这样的话，只要30天，整个池塘就会被荷叶盖满。

但是，前28天根本没人发觉池塘中的变化。第29天，村里的人惊讶地看到池塘的一半空间被荷叶覆盖着，他们开始担心以后用不了水了，但为时已晚。第二天，整个池塘都被荷叶占据了。

这件事的起因只是“一些污水”，每一个相关对象的偶然性因素都包含了对象必然发展的结果的信息。在各内外因素参与下，一个十分微小的诱因有时也会产生极其重大和复杂的后果。

有一个村子，卫生习惯非常差，到处都脏乱不堪。有一个人很不满这样的现状，他想改变村民们的习惯，让这里变得干净怡人。但他也知道，说服他们是很困难的，因为他们已经习惯了这样的环境。他冥思苦想，终于想到了一个办法。他买了一条很漂亮的裙子，把它送给村里的一位小女孩。

小女孩很高兴，立刻换上了这条漂亮的裙子。女孩的父亲也很高兴，但是他注意到，女孩漂亮的裙子和她脏兮兮的双手以及蓬乱的头发极不相称，于是他就把她的头发梳理整齐，并让她好好地洗了个澡。经过这样一个改变，穿着漂亮裙子的小女孩就十分干净漂亮了。这时候，她父亲发现家里的环境很脏，也很乱，这很容易把她的双手和裙子弄脏。父亲就发动家人，来了个大扫除，彻底地把家里打扫了一遍，整个家都变得干净明亮了。不久，这位父亲又不满意了，因为他发现，自己的家里虽然很干净了，但门口的过道满是垃圾，看上去让人很不舒服。他再次发动家人，把门口过道清理干净，并告诉家人不要乱倒垃圾，注意保持卫生。

小女孩一家的变化被隔壁邻居发现了，他也觉得自家脏乱的环境让人难受，看着小女孩家干净的环境，他感觉很是舒心。也就在同时，他醒悟到，我们家里也是可以干净的啊！于是他们也发动家人，把屋里、门口过道等地方打扫了一遍，并交代家人注意保持卫生。不久，邻居们发现了这两家人的变化，也开始行动起来……当那位好心人再到村里的时候，他吃惊地发现，自己几乎不认识这里了。村里的街道打扫得干干净净，村民们都穿着洁净的衣服，每户人家的房子都是窗明几净！

钱钟书曾这样说："要想把哪个东西搞坏，不要骂它、不要臭它，而要让它无限制地繁殖泛滥，结果它自然就名声扫地了。"

THE SEVENTH CHAPTER

第七章
警察与小偷博弈：最小最大定理

警察与小偷模式：混合策略

核心提示

当博弈中一方所得为另一方所失时，对于博弈双方的任何一方来说，这个时候只有混合策略均衡，而不可能有纯策略的占优策略。

心理解析

在一个小镇上，只有一名警察负责巡逻，保卫小镇居民的人身和财产安全。这个小镇分为 A、B 两个区，在 A 区有一家酒馆，在 B 区有一家仓库。与此同时，这个镇上还住着一个以偷为生的惯犯，他的目标就是 A 区的酒馆和 B 区的仓库。因为只有一个警察，所以他每次只能选择 A、B 两个区中的一个去巡逻。而小偷正是抓住了这一点，每次也只到一个地方去偷窃。我们假设 A 区的酒馆有 2 万元的财产，而 B 区的仓库只有 1 万元的财产。如果警察去了 A 区进行巡逻，而小偷去了 B 区行窃，那么 B 区仓库价值 1 万元的财产将归小偷所有；如果警察在 A 区巡逻，而小偷也去 A 区行窃，那么小偷将会被巡逻的警察逮捕。同样道理，如果警察去 B 区巡逻，而小偷去 A 区行窃，那么 A 区酒馆的 2 万元财产将被装进小偷的腰包，而警察在 B 区巡逻，小偷同时也去 B 区行窃，那么小偷同样会被警察逮捕。

在这种情况下，警察应该采取哪一种巡逻方式才能使镇上的财产损失最小呢？如果按照以前的办法，只能有一个唯一的策略作为选择，那么最好的做法自然是去 A 区巡逻。因为这样做可以确保酒馆 2 万元财产的安全。但是，这又带来另外一个问题：如果小偷去 B 区，那么他一定能够成功偷走仓库里价值 1 万元的财产。这种做法对于警察来说是最优的策略吗？会不会有一种更好的策略呢？

让我们设想一下，如果警察在 A、B 中的某一个区巡逻，那么小偷也正好去了警察所在的那个区，那么小偷的偷盗计划将无法得逞，而 A、B 两个区的财产都能得到保护，那么警察的收益就是 3（酒馆和仓库的财产共计 3 万元），而小偷的收益则为 0，我们把它们计为（3，0）。

如果警察在 A 区巡逻，而小偷去了 B 区偷窃，那么警察就能保住 A 区酒馆的 2 万元，而小偷将会成功偷走 B 区仓库的 1 万元，我们把此时警察与小偷之间的收益计为（2，1）。

如果警察去 B 区巡逻，而小偷去 A 区偷窃，那么警察能够保住 B 区仓库的 1 万元，却让小偷偷走了 A 区酒馆的 2 万元。这时我们把他们的收益计为（1，2）。

	小偷去 A 区	小偷去 B 区
警察去 A 区	(3,0)	(2,1)
警察去 B 区	(1,2)	(3,0)

这个时候，警察的最佳选择是用抽签的方法来决定巡逻的区域。这是因为 A 区酒馆的财产价值是 2 万元，而 B 区仓库的财产价值是 1 万元，也就是说，A 区酒馆的价值是 B 区仓库价值的 2 倍，所以警察应该用 2 个签代表 A 区，用 1 个签代表 B 区。如果抽到代表 A 区的签，无论是哪一个，他就去 A 区巡逻，而如果抽到代表 B 区的签，那他就去 B 区巡逻。这样，警察去 A 区巡逻的概率就为 2/3，去 B 区巡逻的概率为 1/3，这种概率的大小取决于巡逻地区财产的价值。

对小偷而言，最优的选择也是用抽签的办法选择去 A 区偷盗还是去 B 区偷盗，与警察的选择不同，当他抽到去 A 区的两个签时，他需要去 B 区偷盗，而抽到去 B 区的签时，他就应该去 A 区偷盗。这样，小偷去 A 区偷盗的概率为 1/3，去 B 区偷盗的概率为 2/3。

下面让我们来用公式证明对警察和小偷来说，这是他们的最优选择。

当警察去 A 区巡逻时，小偷去 A 区偷盗的概率为 1/3，去 B 区偷盗的概率为 2/3，因此，警察去 A 区巡逻的期望得益为 7/3（1/3 × 3 + 2/3 × 2 = 7/3）万元。当警察去 B 区巡逻时，小偷去 A 区偷盗的概率同样为 1/3，去 B 区偷盗的概率为 2/3，因此，警察此时的期望得益为 7/3（1/3 × 1 + 2/3 × 3 = 7/3）万元。由此可以计算出，警察总的期望得益

◇ 协和博弈 ◇

▲ 三个月后

本案例属于协和谬误。为了不浪费会员费而在膝盖不适的情况下坚持运动，最终使他出现了更严重的身体问题。不根据自身情况进行综合判断并及时止损，最终就会导致更严重的问题。

为7/3（2/3 ×7/3 +1/3 ×7/3 =7/3）万元。

由此我们得知，警察的期望得益是 7/3 万元，与得 2 万元收益的只巡逻 A 区的策略相比，明显得到了改进。同样道理，我们也可以通过计算得出，小偷采取混合策略的总的期望得益为 2/3 万元，比得 1 万元收益的只偷盗 B 区的策略要好，因为这样做他会更加安全。

对于小孩子之间玩的“石头剪刀布”的游戏，我们应该都不会陌生。在这个游戏中，纯策略均衡是不存在的，每个小孩出“石头”“剪刀”和“布”的策略都是随机决定的，如果让对方知道你出其中一个策略的可能性大，那么你输的可能性也会随之增大。所以，千万不能让对方知道你的策略，就连可能性比较大的策略也不可以。由此可以得出，每个小孩的最优混合策略是采取每个策略的可能性是 1/3。在这个博弈中，“纳什均衡”是每个小孩各取 3 个策略的 1/3。所以说，纯策略是参与者一次性选取，并且一直坚持的策略；而混合策略则不同，它是参与者在各种可供选择的策略中随机选择的。在博弈中，参与者并不是一成不变的，他可以根据具体情况改变他的策略，使得他的策略的选择满足一定的概率。当博弈中一方所得是另一方所失的时候，也就是在零和博弈的状态下，才有混合策略均衡。无论对于博弈中的哪一方，要想得到纯策略的占优策略都是不可能的。

在很多国家，纳税人和税务局之间的关系也属于警察与小偷博弈。那些纳税人总有这样一种心理，认为逃税要是被抓到，必然要交罚款，有时候还得坐牢；但如果运气好，没有被抓到，那么他们就可以少缴一点税。在这种情况下，理性的纳税人在决定要不要逃税时，一定会考虑到税务局调查他的几率有多高。因为税务局检查逃税要付出一定的成本，而且这成本还很高。一般来说，税务局不会随便查一个纳税人的账。所以，纳税人和国税局便形成了警察与小偷的博弈。税务局只有在你会逃税的情况下才会查税，而纳税人只有在不会被查的情况下才会想到逃税。因此，最好的选择就是随机，纳税人有时候逃税，有时候被查税。所以，像警察与小偷博弈一样，纳税人不可能让税务局知道自己的选择。如果哪个乖乖缴税的纳税人因不满国税局的检查而写信解释，认为他们不应该来调查，那么他们会得到什么结果呢？答案是国税局仍然像以前一样查他。同理，如果哪个纳税人写信通知国税局，说自己在逃税，那么国税局可能都会相信，但发出这种通知对纳税人来说多半不是最好的策略。因为在警察与小偷博弈中，每个人都会千方百计隐瞒自己的做法。

◇ 警察与小偷博弈 ◇

纳税人与税务局之间的关系也是警察与小偷博弈的一种表现形式。理性的纳税人会考虑税务局的追查概率，但是抱有侥幸思想做一些不正确的事并不值得提倡。

防盗地图不可行

核心提示

通过警察与小偷博弈可以看到，并不是所有博弈都有优势策略，无论这个博弈的参与者是两个人还是多个人。

心理解析

2006 年初，杭州市民孙海涛在该市各大知名论坛上建立电子版“防小偷地图”一事引起了人们的普遍关注。这张电子版的“防小偷地图”是一个三维的杭州方位图，杭州城的大街小巷以及商场建筑都能够在这张图上找到。如果需要，网民们还通过点击标注的方式放大某个路段、区域。最令人称道的是，人们想要查寻杭州市哪个地区容易遭贼，只需要点开这个地图的网页，轻轻移动鼠标就可以一目了然。这张地图自从问世以来，吸引了网民大量的点击率。

虽然地图上已经标注了很多容易被盗的地点，但是为了做到“与时俱进”，于是允许网民将自己知道的小偷容易出现的地方标注到里面。短短3个月的时间，已经有40多名网民在这张地图上添加新的防盗点。网友们将小偷容易出现的地段标注得特别详细，甚至还罗列出小偷的活动时间、作案惯用手段等信息。

正当网民们为“防小偷地图”而欢呼雀跃的时候，《南京晨报》却发出了不同的声音。《南京晨报》的一篇文章十分犀利地写道：“为何没有‘警方版防偷图’？”这个问题无异于一盆冷水，一下子浇醒了那些热情洋溢的网民。按道理说，警察对小偷的情况必定比普通市民了解得更多，可是他们为什么没有设计出一个防偷地图保护广大市民的财产安全呢?

《时代商报》发表的评论文章对此做出了解答。文章指出，如果警方公布这类地图，那么很有可能会弄巧成拙。由于不知道谁是小偷，所以当市民看到这类地图的时候，小偷也会看到，这样小偷自然就不会再出现在以前经常出现的地方，而是转移战场，到别的地方去作案。

这篇文章所说的有一定道理，但是却不够深入与全面。要想彻底搞清楚这个问题，就需要去警察与小偷的博弈中寻找答案。通过上一节对警察与小偷博弈的介绍，我们应该明白在每个参与者都有优势策略的情况下，纯策略均衡是一个非常正确的选择。一个优势策略要比其他任何策略都要优异，一个劣势策略则比其他任何策略都要拙劣。如果你有一个优势策略，你必然会选择使用，同样，你的对手也会这样做。反之，如果你有一个劣势策略，你就应该尽量避免使用，当然，你的对手也会明白这个道理。

为了能够更好地理解这个问题，请看下面两个房地产开发商的例子。

假设某市的两家房地产公司甲和乙，都想开发一定规模的房地产，但是该市的房地产市场需求有限，一个房地产公司的开发量就能满足这个市场需求，所以每个房地产公司必须一次性开发一定规模的房地产才能获利。在这种局面下，两家房地产公司无论选择哪种策略，都不存在一种策略比另一种策略更优异的问题，也不存在一个策略比另一个策略更差劲儿的问题。这是因为，如果甲选择开发，那么乙的最优策略就是不开发；如果甲选择不开发，则乙的最优策略是开发。同样道理，如果乙选择开发，那么甲的最优策略就是不开发；如果乙选择不开发，则甲的最优策略是开发。

	乙开发	乙不开发
甲开发	(0,0)	(1,0)
甲不开发	(0,1)	(0,0)

从矩阵图中可以清晰地看到，只有当甲乙双方选择的策略不一致时，选择开发的那家公司才能够获利。

按照“纳什均衡”的观点，这个博弈存在着两个“纳什均衡”点：要么甲选择开发，乙不开发；要么甲选择不开发，乙选择开发。在这种情况下，甲乙双方都没有优势策略可言，也就是甲乙不可能在不考虑对方所选择的策略的情况下，只选择某一个策略。

在有两个或两个以上“纳什均衡”点的博弈中，谁也无法知道最后结果会是怎样。这就像我们无法得知到底是甲开发还是乙开发一样的道理。

回到前面提到的制作警方版“防小偷地图”的问题上来。在警方和小偷都无法知道对方策略的情况下，如果警方公布防小偷地图，这对警方来说看似是最优策略，但是当小偷知道你的最优策略之后，他就会明白这是他的劣势策略，因此他会选择规避这一策略，转向他的优势策略。毫无疑问，警方发布防小偷地图以后，小偷必然不会再去地图上标注的地方偷窃，而是寻找新的作案地点。所以说，从博弈策略的角度考虑，制作警方版“防小偷地图”并不是一个很好的办法。

混合策略不是瞎出牌

核心提示

数学家约翰·冯·诺伊曼创立了“最小最大定理”。在这一定理中，诺伊曼指出，在二人零和博弈中，参与者的利益严格相反（一人所得等于另一人所失），每个参与者都会尽最大努力使对手的最大收益最小化，而他的对手则正相反，他们努力使自己的最小收益最大化。在两个选手的利益严格对立的所有博弈中，都有这样一个共同点。

心理解析

诺伊曼这一理论的提出与警察与小偷博弈有很大的关系。在警察与小偷博弈中，如果从警察和小偷的不同角度计算最佳混合策略，那么得到的结果将是，他们有同样的成功概率。换句话说就是，警察如果采取自己的最佳混合策略，就能成功地限制小偷，使小偷的成功概率与他采用自己的最佳混合策略所能达到的成功概率相同。他们这样做的结果是，最大收益的最小值（最小最大收益）与最小收益的最大值（最大最小收益）完全相等。双方改善自己的收益成为空谈，因此这些策略使得这个博弈达到一个均衡。

最小最大定理的证明相当复杂，对于一般人来说，没有必要花大力气去深究。但是，它的结论却非常实用，能够解决我们日常生活中的很多问题。比如你想知道比赛中一个选手之得或者另一个选手之失，你只要计算其中一个选手的最佳混合策略就能够得出结果了。

在所有混合策略中，每个参与者并不在意自己的任何具体策略，这是所有混合策略的均衡所具有的一个共同点。如果你采取混合策略，就会给对手一种感觉，让他觉得他的任何策略都无法影响你的下一步行动。这听上去好似天方夜谭，其实并不是那样。因为它正好与零和博弈的随机化动机不谋而合，既要觉察到对方任何有规律的行为，采取相应的行动制约他，同时也要坚持自己的最佳混合策略，避免一切有可能让对方占便宜的模式。如果你的对手确实倾向于采取某一种特别的行动，那只说明，他们选择的策略是最糟糕的一种。

所以说，无论采取随机策略，还是采取混合策略，与毫无策略地“瞎出”不能划等号，因为随机策略与混合策略都有很强的策略性。但有一点需要特别注意，一定要运用偶然性提防别人发现你的有规则行为，从而使你陷入被动之中。

我们小时候经常玩的“手指配对”游戏就很好地反映了这个问题。在“手指配对”游戏中，当裁判员数到三的时候，两个选手必须同时伸出一个或者两个手指。假如手指的总数是偶数，那么伸出两个手指的人也就是“偶数”的选手赢；假如手指的总数是奇数，那么伸出一个手指也就是“奇数”的选手赢。

在不清楚对方会出什么的情况下，又该怎样做才能保证自己不落败呢？ 有人回答说：“闭着眼睛出。”可能很多人会被这样的回答搞得哈哈大笑，但是，其实笑话别人的人才真正可笑。 那个人的话虽然看似好笑，实则很有道理。 因为从博弈论的角度看，“闭着眼睛出”也存在着一种均衡模式。

如果两位选手伸出几个手指不是随机的，那么这个博弈就没有均衡点。 假如那位“偶数”选手一定出两个指头，“奇数”选手就一定会伸出一个指头。 反过来想，既然“偶数”选手确信他的对手一定会出“奇数”，他就会做出改变，改出一个指头。 他这样做的结果是，那位“奇数”选手也会跟着改变，改出两个指头。 如此一来，“偶数”选手为了胜利，又会转而出两个指头。 于是就形成了一个循环往复的过程，没有尽头。

在这个游戏中，结果只有奇数和偶数两种，两名选手的均衡混合策略都应该是相等的。 假如“偶数”选手出两个指头和一个指头的概率各占一半，那“奇数”选手无论选择出一个指头还是两个指头，两名选手将会打成平手。 同样道理，假如“奇数”选手出一个指头与出两个指头的概率也是各占一半，那么“偶数”选手无论出两个指头还是一个指头，得到的结果还是一样。 所以，混合策略对双方来说都是最佳选择。它们合起来就会达到一个均衡。

这一解决方案就是混合策略均衡，它向人们反映出，个人随机混合自己的策略是非常有必要的一件事情。

过去有一位拳师，他背井离乡去学艺，学成归来后在家里与老婆因一件小事而发生矛盾。他老婆并没有秉承古代女子温婉贤淑的遗风，而是一个性格暴躁、五大三粗的女人。在自己丈夫面前，她更加肆无忌惮。她摩拳擦掌，准备让拳师知道她的厉害。拳师学有所成，根本不把她放在眼里，脸上充满了鄙夷的神情。可是没想到，拳师还没有摆好架势，他老婆已经猛冲上来，二话不说就把他打得鼻青脸肿。拳师空有一身本领，在他老婆面前竟然毫无还手之力。

事后别人对此很不理解，就问他说："您武艺已经大有所成，怎么会败在您老婆手下？"拳师满脸委屈地回答说："她不按招式出拳，我如何招架？"

这个笑话就与民间流传的"乱拳打死老师傅"有异曲同工之妙。拳师的老婆和"乱拳"，就可以看做是随机混合策略的一种形象叫法。

那位拳师以及很多"老师傅"，他们因为只采取随机策略或混合策略中的一种，所以在随机混合策略面前必然会吃大亏。因此，个人随机混合策略是保障博弈参与者获得胜利的一件法宝。

THE EIGHTH CHAPTER

第八章

斗鸡博弈：强强对抗中的“胆小鬼”

斗鸡博弈：强强对抗

核心提示

在一个博弈中，如果存在着唯一的“纳什均衡”点，那么这个博弈就是可预测的，即这个“纳什均衡”点就是事先知道的唯一的博弈结果。但是如果一个博弈不是只有一个“纳什均衡”点，而是两个或两个以上，那么谁都无法预测出结果。

心理解析

在斗鸡场上，有两只好战的公鸡相遇了。每只公鸡有两个行动选择：一是进攻，一是退下来。如果一方退下来，而对方没有退下来，则对方获得胜利，退下来的公鸡会很丢面子；如果自己没退下来，而对方退下来，则自己胜利，对方很没面子；如果两只公鸡都选择前进，那么会出现两败俱伤的结果；如果双方都退下来，那么它们打个平手，谁也不丢面子。

	A 鸡前进	A 鸡后退
B 鸡前进	(-2, -2)	(1, -1)
B 鸡后退	(-1,1)	(-1, -1)

从这个矩阵图中可以看出，如果两者都选择“前进”，结果是两败俱伤，两者的收益均为 -2；如果一方“前进”，另外一方“后退”，前进的公鸡的收益为 1，赢得了面子，而后退的公鸡的收益为 -1，输掉了面子，但与两者都“前进”相比，这样的损失要小；如果两者都选择“后退”，两者均不会输掉面子，获得的收益为 -1。

由此可以看出，斗鸡博弈描述的是两个强者在对抗冲突的时候，如何能让自己占据优势，获得最大收益，确保损失最小。斗鸡博弈中的参与双方都处在一个力量均等、针锋相对的紧张局势中。

提到斗鸡博弈，很容易让人想到“呆若木鸡”这个成语。这个成语来源于古代的斗鸡游戏，现在用来比喻人呆头呆脑，像木头做成的鸡一样，形容因恐惧或惊讶而发愣的样子，但是它最初的含义却正好与此相反。这个成语出自《庄子·达生》篇，原文是这样的：

“纪渻子为王养斗鸡。十日而问：‘鸡已乎？’曰：‘未也，方虚骄而恃气。’十日又问，曰：‘未也，犹应向景。’十日又问，曰：‘未也，犹疾视而盛气。’十日又问，曰：‘几矣。鸡虽有鸣者，已无变矣，望之，似木鸡矣，其德全矣，异鸡无敢应者，反走矣。’”

在这个故事中，原来纪渻子训练斗鸡的最佳效果就是使其达到“呆若木鸡”的程度。“呆若木鸡”不是真呆，只是看着呆，实际上却有很强的战斗力，貌似木头的斗鸡根本不必出击，就令其他的斗鸡望风而逃。

从这个典故中我们可以看出，“呆若木鸡”原来是比喻修养达到一定境界从而做到精神内敛的意思。它给人们的启示是：人如果不断强化竞争的心理，就容易树敌，造成关系紧张，彼此仇视；如果消除竞争之心，就能达到“不战而屈人之兵”的效果。

“呆若木鸡”的典故包含斗鸡博弈的基本原则：让对手对双方的力量对比进行错误的判断，从而产生畏惧心理，再凭借自己的实力打败对手。

在现实生活中，斗鸡博弈的例子有很多。

假设王某欠张某100元钱。这时张某是债权人，王某为债务人。张某多次催债无果，有人提出双方达成合作：张某减免王某10元钱，王某立刻还钱。我们假设一方强硬一方妥协，则强硬一方可得到100元的收益，妥协一方收益为0；如果双方都采取强硬的态度，就会发生暴力冲突，张某不但无法追回100元的债务，还会因受伤花费100元的医疗费，所以张某的收益为－200元。此时债务人王某的收益为－100元。具体如图所示：

	张某强硬	张某妥协
王某强硬	(－100，－200)	(100,0)
王某妥协	(0,100)	(10,90)

双方在自己强硬而对方妥协的情况下能够获得最大收益。

为了使收益最大化，也就是获得100元的收益，张某和王某都会采取强硬的态度。但是他们都忽略了一点，那就是如果双方都采取强硬的态度，自己和对方都会得到负效益100元。在这个博弈中，张某和王某都选择妥协的态度，收益分别为90元和10元，是双方理性下的最优策略。由此可以看出，债权人与债务人为追求各自利益的最大化，选择不合作的态度会使双方陷入“囚徒困境”。

尽管从理论的角度来说，这个博弈有两个“纳什均衡”，但由于目前中国存在着诸多如欠债不还、假冒伪劣盛行等不诚信的问题，这种现实造成了法律环境对债务人有利的现象。也正是基于此，债务人会首先选择强硬的态度。于是这个博弈又变成了一个动态博弈。债权人在债务人采取强硬的态度后，不会选择强硬，因为采取强硬措施对他来说反而不好，所以他只能选择妥协。而在双方均选择强硬态度的情况之下，债务人虽然收益为-100元，但他会认为在他选择强硬时，债权人一定会选择妥协，所以对于债务人来说，他的理性战略就是强硬。因此，这一博弈的“纳什均衡”实际上应为债务人强硬而债权人妥协。

胆小鬼博弈

核心提示

俗话说，狭路相逢勇者胜。不过从死理性派的角度来看，有勇无谋不足夸，智勇双全才是王道。天生胆小没关系，只要你有大智慧，一样能够坚持到最后。

心理解析

有两个顽皮好胜的不良少年在别人的怂恿之下，要举行一场有关胆量的比赛。比赛的规则是，两个人各驾驶一辆赛车，同时开足马力向对方冲去。如果双方谁先转向，就算输掉比赛，同时被扣上“胆小鬼”的帽子。

在这个游戏中，如果双方都不肯让路，那么他们很有可能会同归于尽，这一结果无疑是最坏的；如果某一方先怕死，选择避让，那么他就会输掉比赛，被别人称为“胆小鬼”；如果双方都退避让路，虽然身体不会受伤，但都会被称为“胆小鬼”，在玩伴们面前威信扫地。通过分析可以看出，对他们来说，最大的收益是自己勇往直前，逼迫对方让路；如果对方选择坚持，自己最好选择让路，因为就算被称为“胆小鬼”，也总比丢掉性命要好。

这就是斗鸡博弈的另外一种案例，称为“胆小鬼博弈”。

这个博弈的原始模型由20世纪50年代一个关于大力马车赛的美国电影而来。在电影中，两名车手进行比赛，规则要求两人驾车同时向对方驶去。这样就会出现三种结果：第一，如果两个人都一往无前，那么就会撞车，两个人非死即伤；第二，如果两人中的一个在最后时刻转动方向盘，使赛车转向，那么这个人就会输掉比赛，并被看做胆小鬼；第三，如果两人同时转动方向盘将赛车转向，那么他们就被视为打成平手。

这个故事虽然是虚构出来的，但是能够很好地反映现实中的很多问题。比如，两辆相向行驶的汽车遇到一起，谁也不肯让路的情况。这时，从博弈的赢利结构来看，对双方来说最优的策略就是双方采取一种合作态度选择转向。但实际情况却并非如此。因为如果两辆车都选择避让，结果将是两辆车同时转向，这显然无法让两辆车都顺利前进。所以一辆车转向而另一辆车避让才是最好的结果。也就是说，如果一个司机选择转向，则另一个司机选择向前最好；如果一个司机选择向前，则另外一个司机选择转向最好。在这个博弈中，如果博弈参与者有一方是意气用事，做事不考虑后果的人，而另一方是足够理性的人，那么意气用事的人很有可能获得这场博弈的胜利。

在商业领域，竞争的常见手段之一便是价格战。

20世纪70年代时，宝洁公司福格斯咖啡的销售额在西部地区处于领先地位，而通用食品公司的麦斯威尔咖啡占据东部大部分市场份额。1971 年，宝洁公司不满足于自己的市场份额，在东部的俄亥俄州大打广告，显示出其要在东部地区扩大影响力的倾向。面对宝洁公司咄咄逼人的气焰，通用食品公司很快就制定出策略，一方面大规模向俄亥俄地区投入广告，另一方面大幅度降价。麦斯威尔咖啡的价格甚至降到了成本价以下。宝洁公司认识到，如果继续和通用食品公司纠缠下去，只会落得两败俱伤的结果，自己得不到任何好处，于是就放弃了在该地区的努力。

后来，宝洁公司在双方市场份额平分秋色的中西部城市休斯敦，通过增加广告以及降价的手段，试图逼走通用食品公司。通用食品公司毫不示弱，果断地采取措施对宝洁公司进行回击。最重要的是，它向宝洁传递出一个信号：谁想打垮我，我就和谁同归于尽。宝洁公司看到通用食品公司的态度如此蛮横和强硬，只得放弃通过价格战和广告战与通用公司争夺市场的企图。

在这场商业战争中，通用食品公司所采取的策略与“胆小鬼博弈”中的选择“前进”是完全类似的。这是一种非常冒险的策略，但对于理性的对手而言，这种策略却十分实用。

人们购物时，经常会与卖方进行讨价还价。当买主对一件东西十分中意打算购买，但价格却无法谈妥时，买主就可以采取“胆小鬼”策略：做出假装要离开的姿态，通过这个方式告诉卖方，我宁可不买，也决不妥协。在这种情况下，如果买主所出的价钱在卖方可以承受的范围之内，那么卖主就会做出让步。因为这样虽然他少赚了些钱，但总比没钱可赚要强很多。

◇ 斗鸡博弈 ◇

我好像还是不太明白。

生活中常见的“讨价还价”就属于典型的斗鸡博弈。顾客拿出不买并转身走人的态度就是“前进”策略。这是一种冒险的策略，但在对手理性的情况下却不失为一种好策略。

放下你的面子

核心提示

在斗鸡博弈中，参加博弈的双方会陷入僵持不下的困境。造成这种局面出现的原因有两个，一是双方势均力敌，实力相当；二是双方都很在乎面子，不愿意做出丢面子的事情。我们设想一下，假如有一只公鸡肯放下面子，主动退出，然后找个地方拜师学艺，勤学苦练，等到学有所成再找对手决斗，那么它打败对手的几率一定会大大增加。这也正是破解斗鸡博弈的关键所在。

心理解析

在斗鸡博弈中，只要参与者有一方肯主动避让，就会实现最好的结果。可问题是，现实中的人们总是把面子看得比生命还重要，即使丢掉性命也不愿意丢掉面子。比如几个朋友在一起喝酒，有人已经喝得差不多了，任凭别人再怎么劝也不肯再喝一口。这个时候，对付他的最好办法就是讲几句刺激他的话，让他觉得面子上挂不住，那他就会乖乖就范。在现实生活中，因面子问题而受损害的例子比比皆是。这是因为他们不明白面子只是一个微不足道的东西，对一个人来说，丢面子并不会受到实质性的损失，死要面子则活受罪。

有一个本科生毕业后被分配到一家事业单位工作。在这个单位里，最高学历的人仅为专科毕业，所以他成了单位里学历最高的一个人。周末休息时，本科生闲来无事，就跑到附近的一个小池塘去钓鱼。真是无巧不成书，单位的正副局长也在那里钓鱼。看见两位领导聊得热火朝天，他只是微微点头致意。他心里想：这两个专科生，居然聊得热火朝天，到底有啥好聊的呢？过了一会儿，本科生看见正局长放下鱼竿，“嗖、嗖、嗖”地从泛着波光的水面上跑到对面上厕所。这种只有在武侠小说和电视剧里出现的场景活脱脱地出现在他的面前，他一下子就被吓傻了。正局长上完厕所后，又按照原来的方式神奇地从水上“漂”回来了。难道这是在做梦？难道这是在拍电视剧《射雕英雄传》？难道正局长是一个像裘千仞那样会“水上漂”的人？一连串的问题在本科生的脑袋里出现。但是他认为自己是本科生，怎么能向一个专科生请教呢？正当他还在胡乱猜测的时候，副局长也站起来，像刚才正局长一样“漂”过水面，到湖对面上厕所。这下子本科生更加茫然了，但尽管如此，他仍然不肯放下面子去向别人请教。10分钟后，本科生也内急了。对面的厕所虽然看着很近，但是却需要绕过池塘两边的围墙，大约需要10分钟才能走到，该怎么办呢？去问两位局长，不行！那样太丢面子了！情急之下，本科生想到，既然他们专科生都能从池塘上“飞”过去，我这个本科生当然没问题。于是他也起身往水里跳。“扑通”一声响，本科生落水了。两位局长看到后将他拉了上来，询问他要干什么。本科生把自己想上厕所的情况告诉他们，然后接着问道：“为什么你们可以走过去，我却不能？”两位局长听后哈哈大笑，之后告诉他事情的原委：在这个池塘里有两排木桩子，平时凸出在水面上，最近池塘因为下雨涨水，所以木桩子就看不见了。两位局长经常到这里来钓鱼，对这里的情况非常熟悉，所以能够记得木桩子的位置，于是就踩着木桩子到对面去。

这个故事非常有趣，同时也反映出一个深刻的道理：如果一个人过于看重面子、爱惜面子，无法摆脱面子带来的问题，那么必然会吃苦头。一个人随着学识、地位等因素的改变，思想里会出现越来越多的障碍，在诸多障碍中，固守面子很可能让人受到伤害。

关键时候学会妥协

核心提示

在很多时候，“妥协”会被认为是软弱的表现，是懦夫的行为，但其实“妥协”是非常实际、灵活的智慧。一般智者都会通过在恰当时机接受别人的妥协，或向别人提出妥协的方式来达到他们的目的。

心理解析

《猎杀U－429海底大战》是一部非常经典的电影，从这部电影的名字上来看，它好像是一部战争题材的片子。但是，看过电影的人都非常明白，这部电影其实是讲美、德两国军人在互相帮助、互相合作的基础上渡过难关的故事。

故事发生在第二次世界大战的大西洋战场上。当时美、德两国的战舰在海上进行了一场极为惨烈的战斗，一艘名为“箭鱼号”的美国潜艇受到德国潜艇的重创，船员们别无选择，只能被迫弃船逃命。幸运的是，这些船员并没有成为鲨鱼的晚餐，而是被一艘德国潜艇 U429 所救。当时 U429 潜艇上的食物本来就只够勉强维持船员的生活，因此被俘的美军船员在刚登上 U429 时都遭到德舰船员的歧视与谩骂。可是，令他们没有想到的是，后来这群被俘的美军居然变成了他们同一战壕里的兄弟。U429 被一艘美国驱逐舰击中，无法顺利驶回德国的基地。恰巧就在这时，被救上 U429 的美国船员感染上了脑膜炎，并导致双方船员大量死亡。驾驭潜艇必须要靠多人的通力合作，如果船上的人想要继续活下去，必须放弃以前的偏见，一起合作才行。于是，U429 的舰长找到原被俘的美国船员，打算将潜艇驶向距离最近的美国海岸。最后，U429 虽然被击沉，但是潜艇上的所有船员都被美国驱逐舰所救，保全了性命。

影片中 U429 的舰长在双方船员大量死亡的情况下，主动找美国士兵合作引起了人们的深思。在斗鸡博弈中，经常会遇到博弈双方在势均力敌的情况下拼个你死我活的情况。其实，有的时候，双方都转变一下思路，使双方的矛盾得到有效的化解，对博弈双方来说，都是大有裨益的。这就像在很多比赛中，虽然比赛时人人都想取胜，但当胜利无望的时候，争取到“平局”也是一个非常不错的结果。

去过庙里的人也许会注意到，一到庙门口，就能看见弥勒佛腆个大肚子乐呵呵地欢迎四面八方的游客。但是在他的背面，黑口黑脸的韦陀菩萨阴森森地矗立着，给人一种威严之感。这两位性格迥然不同的菩萨为什么被放在同一座庙里呢？其实，这样做对他们来说都有好处，可以克服他们的缺点，发扬他们的优点，使得庙里香火旺盛又不混乱。最初，他们分别有属于自己的庙宇，但是弥勒佛总是粗心大意，对管理账目也不在意，所以最后庙宇入不敷出。而韦陀虽然擅长管账，但是因为整天阴着个脸，使得庙里的香火越来越少。这两位菩萨在一起之后，寺庙的香火一直很旺，而且账目也井井有条。

这虽然只是一个小故事，但是从这个故事中可以看出，双方合作会使自己获得更大的利益。这就像斗鸡博弈中的参与者，很多时候没有必要搞得两败俱伤，适时选择妥协会对双方都有好处。

在古希腊神话中，有一个名叫赫格利斯的大力士。他拥有钢铁一般强壮的身躯，任凭多么强大的敌人，要想打败他都无异于痴人说梦。这样一个在世间罕逢敌手的人，也有对一只普通的袋囊无能为力的时候。一天，这位大力士外出办事，在一条小路上差点被绊倒，而“肇事者”竟然是一只袋囊。大力士有些气恼，就恶狠狠地踢了袋囊一脚。这一脚要是踢在人和动物身上，一定会使对方当场毙命。但是，那只袋囊不但一点儿也没动，反而气鼓鼓地膨胀起来。大力士的火气变得更大，抡起拳头狠狠一顿猛打，但是袋囊依旧完好无损，并不断地膨胀。大力士像一头发怒的雄狮，变得更加怒不可遏，于是捡起路边的一根木棒歇斯底里地砸向袋囊。可是袋囊好像故意气他似的，越胀越大，最后整个山道都被袋囊堵得严严实实。这下大力士彻底无计可施了，只好躺在地上不停地喘着粗气。不一会儿，一位智者走到大力士的面前，询问他遇到了什么困难。大力士既懊恼又委屈地说：“这个东西真是可恶至极，它故意和我过不去，还把我的路给堵死了。”智者笑了笑说：“这是‘仇恨袋’。如果你开始时就不理它，它又怎么会为难你，把你的路给堵死呢？”这个“仇恨袋”就像我们在生活中遇到的对手，它是非理性的，所以就更加难以对付。这个时候，如果我们采取对抗策略，就会出现僵局。这时，如果我们采取另一种方法，就像那个智者所说的，你不理会或者绕过它，很多问题不就迎刃而解了吗？

在现代社会，多数竞争已不再是非要争出高下不可。博弈论为人们指出，当人们必须长期共处时，合作和妥协一般来说是非常明智的选择。既然不能一举将对手打败，那么我们就该把目光放长远一些，更多地考虑一下未来。“妥协”是博弈双方在某种条件下达成的共识，虽然对于解决问题来说不是最好的办法，但在更好的方法尚未出现以前，它就是最好的方法。这是因为，妥协可以让人不再继续投入时间、精力等“资源”，从而避免了不必要的浪费，可以使人维持自己最起码的“存在”，为获得胜利赢得机会，更可以提供喘息的机会，为扭转不利的局势提供基础。

THE

NINTH

CHAPTER

第九章

协和博弈:“骑虎难下”的困境

协和谬误：学会放弃

核心提示

协和谬误具有这样的特点：当事人做错了一件事，明知道自己犯了错误，却死活也不承认，反而花更多的时间、精力、钱财等成本去补救这个错误，结果是不但浪费了成本，错误也没有得到补救。这也正是人们常说的“赔了夫人又折兵”。

心理解析

20 世纪 60 年代，英法两国政府联合投资开发大型超音速客机——协和飞机。这种飞机具有机身大、装饰豪华、速度快等很多优点，但是，要想实现这些优点，必须付出很高的代价——仅设计一个新引擎的成本就达到数亿元。英法两国政府都希望能够凭借这种大型客机赚钱，但是研究项目开始以后，他们发现了一个很严重的问题——如果要完成研发，需要不断地投入大量金钱。另外，就算研究成功，也不知道这种机型能否适应市场的需求。但是，如果停止研究，那么以前的投资就等于打了水漂。

在这种两难的选择之下，两国政府最后还是硬着头皮研制成功了。这种飞机投入市场以后，暴露出了很多缺点，如耗油量大、噪音大、污染严重、运营成本太高等，根本无法适应激烈的市场竞争，因此很快就被市场淘汰了，英法两国也遭受到了很大的损失。其实，在研制协和飞机的过程中，如果英法政府能及时选择放弃，他们就能够减少很大的损失。但令人遗憾的是，他们并没有那样做。最后，协和飞机退出民航市场，才使英法两国从这个“无底洞中”脱身。

博弈论专家由此得到灵感，把英法两国政府在研究协和飞机时“骑虎难下”的博弈称为“协和谬误”。人们进行一项活动，为此支付时间和金钱成本，要考虑将这项活动进行下去所需要耗费的精力，以及它能够带来的好处，再综合评定它能否给自己带来正效用。像股民投资股票，如果发现这项投资并不能赢利，应该及早停掉，不要去计较已经投入的精力、时间、金钱等各项成本，否则就会陷入困境之中。在博弈论中，这种现象就被称为“协和谬误”，也称“协和博弈”。

下面让我们看几个协和谬误的事例。

有一个姓王的农村小伙子总是希望自己能够发财致富，过上好日子。某天他看电视时看到了关于彩色豆腐机发家致富的广告，他觉得这是一个好机会，于是就跑到北京进行实地考察，之后便以 3 万元的价格在某公司订购了一台彩色豆腐机，并交了 1000 元的押金。那家公司还有一条规定，想学生产技术，需要交 1 万元学习费用，这笔钱全部交齐，机器就会运送到顾客家里。王某当时正处于兴奋的状态之中，所以就凑了

1 万块钱，交给那家公司。可是，王某在学完技术之后就后悔了，因为通过已经购买这种机器的用户反应和市场考察发现，这种机器做出来的彩色豆腐并不像广告说的那样深受老百姓喜爱。还有，农村市场有限，根本就无法养活这样一台豆腐机。

此时的王某处于进退两难的境地：如果这时候选择放弃，那么1000 元的押金和 1 万元的技术费就白花了；如果不放弃，那就需要支付另外的1.9 万元钱才能买来豆腐机，而且以后的经营情况会是什么样子谁也不知道。王某把这个问题翻来覆去考虑了很久，最后他想到：我辛辛苦苦赚来的 1 万块钱就这么扔了吗？既然已经花了 1 万块钱，就算再搭进去 1 万多块钱又能怎么样呢？况且，自己把彩色豆腐的前景估计得过于悲观了，以后这种彩色豆腐说不定会很受欢迎。正是出于这样的想法，王某最后还是交了那笔钱，把彩色豆腐机拉回家了。可是结果并不像他想象的那样，这种机器加工的彩色豆腐存在着很多缺陷，味道更是没法与传统手工制作的豆腐相比，所以很少有人买。此外，这种机器还特别费电，王某最终无法继续经营下去，只能选择停产。

小李酷爱健身，当看到一家健身俱乐部的广告后觉得很有意思。亲自去俱乐部参观后，他认为俱乐部的环境和设施都还不错，于是就想成为这家俱乐部的会员。在向健身俱乐部付了一笔会费后，他从医生那里得到了一个十分不好的消息。医生告诉他，在这段时间内，他不适宜剧烈运动。这下该怎么办呢？小李内心很矛盾：如果听从医生的劝告，不做剧烈的运动，那么交给健身俱乐部的那笔钱不就是白交了吗？可是，如果不听医生的话，继续运动，可能会给自己的健康带来影响。 为了不使会员费变成一笔巨大的损失，小李最终还是坚持去俱乐部健身，结果健身不但没有起到应有的效果，他的健康状况也出现了很大的问题。

小张夫妇有一个乖巧可爱的小女儿，他们对孩子的未来非常重视，为了孩子能有一个好的将来，小张夫妇花了 1 万多块钱给女儿买了一架钢琴。 但是，他们的女儿生性活泼好动，对钢琴一点兴趣也没有。 这下可急坏了小张夫妇，自己用省吃俭用节约下来的钱给女儿买钢琴，希望她长大以后能够成为艺术家、名人，可是孩子却一点也不能体谅父母的良苦用心。虽然女儿不喜欢弹钢琴，但是价值不菲的钢琴已经买回来了，总不能白花那一大笔钱，让钢琴成为家里的摆设吧。 于是，小张想到了请个音乐学院的钢琴老师给女儿当家教的办法。与妻子商量后，妻子也觉得这个办法不错。 后来通过熟人介绍，他们请来了一位音乐学院的老师来教女儿，但可惜的是，这个办法仍然无法激发女儿对音乐的喜爱，他们为了请家教所花的几千块钱也都白花了。

每一件事情都有成本

核心提示

很多可供选择的道路摆在人们面前时，选择某一条道路的机会成本就会增大，这是因为，在人们选择某一条道路时，也就意味着放弃了其他的机会。机会成本越高，选择就越困难。

心理解析

老鹰被认为是世界上寿命最长的鸟类，能活到 70 岁。但是，老鹰要活到 70 岁并非易事。在 40 岁的时候，老鹰必须做出一个既艰难又重要的选择。这是因为，当老鹰活到 40 岁时，它的生理机能已经老化。它的喙长得可以触到胸膛，弯得根本无法吃东西。它用来追捕猎物的爪子也不再锋利，再也无法捕获以前可以轻松搞定的猎物。它的翅膀也会因羽毛又浓又厚而变得像绑上了石头一样沉重，这使它基本上丧失了飞翔的本领。这时，摆在老鹰面前的是两种选择：要么等死，要么蜕变获得重生。

老鹰想重生就必须要努力地飞到山顶筑巢，并且在那里度过长达 150 天的时间。它首先要用不停地击打岩石的方式使它的喙完全脱落，然后静静地等待新喙长出来。之后，它要用新长出来的喙将老化的指甲一根一根地拔出来，将羽毛一根一根地拔掉。等到新的指甲和羽毛长出来时，它才能够重新翱翔在蔚蓝的天空。正是这蛰伏的 5 个月，使老鹰获得了 30 年的生命。可以说这是一笔非常划算的买卖，付出痛苦的 5 个月做成本，获得 30 年的生命。

有这样一道用来测试参与者是乐观还是悲观的问题：有两箱苹果，其中一箱非常新鲜，而且外观漂亮、又大又圆；而另外一箱因为放置的时间过长，有一些已经变质。面对这两箱苹果，你会选择先吃哪箱？

回答这个问题的人很多，答案也是五花八门。在诸多答案中，有两种吃法最为普遍：第一种是先吃最好的，吃完好的再吃不好的。另一种是先吃不好的，把烂的部分削掉，吃完不好的之后再吃好的。第一种吃法通常无法将苹果全部吃掉，因为吃到最后，烂苹果会越来越多，有一些可能烂得无法再吃了，只能扔掉。这种吃法会造成一定程度的浪费，但也有其益处——吃到了好苹果，享受到了好苹果的滋味。第二种吃法是先从烂苹果吃起，这种吃法会使人经常吃烂苹果，因为等把面前的烂苹果吃完的时候，原本好的苹果又会因为搁置的时间过长而变质。测试结果表明：选择第一种吃法的是乐观的人，后一种是悲观的人。

参加这个游戏的人都能够对自己的选择做出合理的解释。同时，还会对别人的选择提出质疑。比如选择第一种吃法的人就会觉得最重要的是要享受好苹果的味道，扔掉几个苹果没有关系；而选择第二种吃法的人会觉得前者容易造成浪费。

其实，这两种吃法都有各自的道理。 在实际生活中，人们经常会根据自己的标准选择先吃哪种苹果。 但是，人们做出的选择能透露出这个人的性格和心理。 经济学上的理性人更倾向于第一种吃法。 他们认为，吃苹果以品尝味道、吸收营养为主要目的，从这个角度考虑，第一种吃法比较理性。用经济学的语言来说就是，这种吃法的机会成本相对较小。

老鹰为了 30 年的生命，需要付出艰辛的努力。 其实它也可以不用经历如此痛苦和漫长的过程，而是像以往一样寻找食物或者休息。 但是那样，老鹰就不会再拥有 30 年的生命了！为了 30 年的生命而经受漫长痛苦的生命蜕变过程，这也正是为成功所付出的机会成本。

机会成本是经济学中的一个重要术语，是一种非常特别的，既虚又实的一种成本。 它是指一笔投资在专注于某一方面后所失去的在另外其他方面的投资获利机会，也指为了得到某种东西所必须放弃的东西，也就是在一个特定用途中使用某种资源，而没有把它用于其他可供选择的最好用途上所放弃的利益。 机会成本是因选择行为而产生的成本，所以也被称为选择成本。

为了说明机会成本的概念，萨缪尔森在其《经济学》中曾用热狗公司的事例进行阐述。 热狗公司的所有者每周工作 60 小时，但不领取工资。 到年末结算时，公司获得了 22000 美元的利润，看起来比较可观。 但是，如果公司的所有者能够找到另外其他收入更高的工作，使他们所获年收入有所增长，达到 45000 美元，那么这些人所从事的热狗工作就会产生一种机会成本，它表明因为他们从事热狗工作而不得不失去其他获利更大的机会。对此，经济学家理解为，如果用他们的实际赢利 22000 美元减去他们失去的 45000 美元的机会收益，那他们实际上是亏损的，亏损额是 45000 －22000 ＝23000 美元。尽管表面上看他们是赢利了。

人们愿意做这件事而不做那件事，就是因为他们认为做这件事的收益大于成本。但是当这种事情很多时，这时就需要做出选择。

机会成本的概念具有很强的实用性，尤其是在对资源的有效利用进行分析时，作用更加重要。任何一种资源都能够在不同的地方得到充分的利用。把资源用在一个地方，这就意味着是对其他选择的放弃。要把稀缺资源放在最合适的位置，使其得到最有效的利用，就要把它投入到最能满足社会需要，同时又能使产量达到最大化的商品的生产之中。

在经济学看来，人的任何选择都有机会成本。机会成本的概念表明，任何选择都需要付出代价，都需要放弃其他的选择。这正如哈佛大学经济学教授曼昆在著名的《经济学原理》中所说："一种东西的机会成本，就是为了得到它所放弃的东西。当做出任何一项决策，例如是否上大学时，决策者就应该对伴随每一种可能行动而来的机会成本做出判断。实际上，决策者通常对此心知肚明。那些到了上大学年龄的运动员如果退学而从事职业运动就能赚几百万美元，他们深深认识到，他们上大学的机会成本极高。他们就会认为，不值得花费这种成本来获得上大学的收益。这一点儿也不奇怪……"

学会果断放弃

核心提示

在任何时候，一件事做到一半，是选择放弃还是继续推进，主要是看它的发展前景。至于以前为它花费的沉没成本应该尽量不再考虑。只有这样做，才能将沉没成本对决策产生的破坏性影响控制在最小的范围之内。

心理解析

在现实生活中，人们往往容易陷入“沉没成本”的圈套中而无法自拔。所谓沉没成本，通俗地讲，就是指已经付出了且无论如何也收不回来的成本。例如，某人花 15 元钱买了门票，也花了相应的时间和“机会成本”去香山公园看红叶，可是到了香山公园门口，他发现口袋里的门票不见了，这时他该怎么办呢?

他会想：看红叶花掉 15 元钱还值，要是花掉 30 元钱（因为门票不翼而飞，所以要看到红叶就必须再花15元钱买一张票）实在是不划算，还是自认倒霉，不去看了。如果真是这样，那他就陷入了“沉没成本”的圈套中了。

沉没成本能够对决策产生重大的影响，以至于很多人会掉入陷阱之中。比如开始做一件事，做到一半的时候发现，这件事并不值得继续做下去，或者需要付出的代价要比预想多很多，或者还有其他更好的选择。但这件事情已经做了一半，而且也付出了很大的成本。为避免损失，只能将错就错地做下去。殊不知，这样做下去会带来更大的损失。

一旦意识到一件事做错了，考虑它的发展前景后认为不应该继续下去时，就要尽早结束它。我们不应该再去为这件事悔恨，当然，检讨是有必要的，因为这样可以让人杜绝再犯同样的错误。人生就像一场跨栏比赛，栏杆就是种种障碍，我们不应该碰倒栏杆，但是少碰倒一个栏杆也不会让人获得好处，我们要做的，只是在最短的时间内跨过去。如果因为碰倒栏杆而停下来不停地惋惜和后悔，那么，我们的成绩就会受到严重的影响。

“不要怕与不要悔”的故事就向我们揭示了这个道理。

有一个年轻人为了前途要离开家乡去远方奋斗。在离开之前，他去找本族的族长，请求族长为他的人生做出指点。老族长知道这个年轻人将要去远方寻找未来，就对他说：“年轻人，人生的秘诀只有六个字。现在我先告诉你三个字，保你半生受用。剩下的三个字以后再告诉你。”说完，老族长在纸上写下了三个遒劲有力的字：不要怕。

年轻人带着老族长写的三个字离开了家乡。30年之后，岁月已经把当年那个风华正茂的年轻人变成一个成熟稳重的中年人。他取得了一些成就，但也增添了很多烦恼。回到家乡后，他又去拜访老族长，但是老族长已经与世长辞了。老族长的家人将一个密封的信封取出来交给他，并对他说："族长知道你会来找他，所以在辞世前特别嘱托我们，要把这封信亲手交给你。"他拆开信封，三个大字顿时映入眼帘：不要悔。

"前半生不要怕，后半生不要悔。"这是一句鞭辟入里的话语，更是族长对人生真谛的解答。前半生不要怕，年轻没有顾虑，尽自己的最大努力去闯、去拼、去奋斗；后半生不要悔，人生没有回头路，尽管自己走过的道路崎岖难行，尽管错失过很多机会，也犯过很多错误，但只要能接受现实，以平和的心态坦然地面对这一切，便会使一切归于平静，便会领悟到生活的真谛。

人的一生总会犯错，总会遇到挫折和打击，但很多人在犯错、失败后不但不能坦然地面对一切，反而始终无法从错误的失败的阴影中彻底摆脱出来，每天都处于压抑的状态之中，此后做事也无法放开手脚，甚至因此变得颓废不堪。其实，这时候最需要做的只是放弃，将过去那些错误与失败造成的影响从心底抛弃，轻装上阵，迎接前方更加辉煌灿烂的美景。